こげなお人ではなか！
発見された西郷隆盛の写真

茶屋二郎

目次

1 ミスト

　横須賀線が鎌倉駅を過ぎてから、私はしばらくしてグリーン車の2階の座席を立って、車両の階段を降りようとした。時間は深夜に近く車窓に雨露が流れていたので、少しでも早く逗子駅の改札口を出てタクシーを拾いたかった。雨が降る中で傘もなしに、タクシーが駅前の乗り場に来るのを何十分も待つのは辛かった。

　しかしすでに一人の乗客が電車の出口のドアにたたずんでいた。ブロンドの髪がグレイのコートの背中にかかっている。逗子の駅で降りる外国人の女性はどのような人かなと関心がわいて、その横顔をかいま見ようと考えた瞬間に進行方向に彼女の顔が向いた。

その顔は友人のエミリーであった。彼女はアメリカ人の父と日本人の母の間に生まれた二世で、結婚してから葉山に住んでいる。夫は江戸時代から続いている地元で老舗の日本料理店を経営していた。その料亭を通じてエミリーとはもう長い間の顔なじみでもあった。

「なんだ、エミリーか。どうしたの、こんな夜遅くに一人で帰るとは？」
「あら、先生。ちょうどよかった、明日お会いしたくて電話しようと思ってたの。」

「何事だい？」

　彼女の声は私の姿を偶然に背後で見て、間違いなく興奮していた。

　私の職業は作家である。しかし作家といっても自分が勝手につけた「茶屋二郎」というペンネームと、作家文芸協会とかいうよくわからない団体の会員であることだけが、その証明書のようなもので、一般の読者が私の作品名を知っていることはまずなかった。つまり売れない作家の一人であり、まして会社引退後の50歳を過ぎてから書き始めた小説家である。ペンネームの由来をたまに読者から聞かれるが、父親の商売がおもちゃ屋だったので、姓にその「ちゃや」を取って、名は私の好きな作家の浅田次郎から「じろう」を頂いた。二郎をつければ本が売れるのではないかという浅はかな願望が命名の理由である。

それでもエミリーは私の小説を面白いと言ってくれる数少ないファンの一人であった。他人には話せないが、自分の夢は一度でいいから芥川賞や直木賞でなくても、泡沫な文学賞の候補作品に選ばれる作家になること、銀座の文壇バーでママたちに「先生」と呼ばれる日をささやかな生きがいに書き続けている。誰でも会社を起業すれば、その日から「社長」と社員から呼ばれる身分になれるが、作家は出版社と読者に認められない限り「先生」とは呼ばれない、はかない身分なのである。それ故に先生と呼んでくれるエミリーには常々好意

を感じていた。しかし彼女は海外で育ったために、漢字の多い私の小説を読むことは得意ではないから、実際は漢字が多いことをもって一流の小説家であると誤解している可能性が高いようだ。

「先生、お時間あります？　すぐに話したいことがあるの。駅前のコーヒーショップで、いいですか？」
「もちろん、別に構いませんけど。」
「そう、それはよかった。今日小泉八雲の研修会があって静岡から帰るところなの、それですごく面白い話を西林さんという英語の先生から聞いてきたの。これは茶屋先生の小説のアイデアに絶対になると思ったの。」
「そういう話なら、さっそくこれから聞いた方がいいね。」

　エミリーは日本に帰化した外国人小説家である小泉八雲に興味を持っていて、本業のかたわらに八雲の研究で全国を飛びまわっていた。彼女自身がハーフであるというルーツがそのような探求心と行動を起こさせるのだろうか。数年前にエミリーはジャガイモの名前である男爵芋誕生の実話を教えてくれた。その男爵芋を作った川田男爵の私生活がひどくロマンチックだったことで興味を持ち、それから「アメージング・グレース」という短編小説を書いたことがある。久しぶりに読者からは好評だったので、彼女のアイデア提供には感謝していた。

駅前にはマクドナルドの24時間営業のカフェがある。私と彼女はそれぞれホットココアとダージリンティーを注文してから奥まった席に座った。時間が深夜に近いせいか、客は数人しかいなかった。

「先生は明治維新の小説を多く書かれているから、きっとこの話は興味を持つと思ったの。」
「まあ、いちおう明治維新の勉強はしたからね。」
「西郷隆盛の本物の写真があるということを知っています？」
　エミリーは唐突に質問してきた。
「それはすごいね。いまある西郷隆盛の写真は絵をもとにして撮ったから、本物の写真ではないことは知っていますよ。」

　明治維新に活躍したが、地味であまり世間には知られていない小栗上野介やアーネスト・サトウなどの人物をことさら取り上げて歴史小説を創作していた。しかし、歴史上あまり有名でない人物の人生を描いても、やはり本の売れ行きはかんばしくなく、その多くが素直に書店の在庫となっていた。かといって、今さら司馬遼太郎に対抗して坂本竜馬を書いてみても、名もない小説家の作品など、読者は見向きもしてくれないだろうと思って諦めている。それだけにエミリーの話は私の好奇心をひどくくすぐった。

エミリーは得意顔して、大きな旅行用バッグから英文で書かれた数十枚のコピー用紙を取り出した。その中の1枚のコピーにはセピア色になった集合写真が写っていた。全員男子で前列に4人が着席していて、後列の4人は起立している写真である。

集合写真は明治時代のようで、前席の中央にカイゼル髭を生やした一際大きな体格の外国人が一人だけ背広姿で座っていた。その左隣でやはり背広を着た小柄な人物以外は皆日本軍人のようである。黒色の軍服を着て、それぞれ勲章を左胸に着け、帽子とサーベルと思われる剣を所持している。

「この写真に西郷隆盛が映っているの？」

「どれかな？ウーン」

「よく見て、どの人だと思う？」

　正直、よくわからなかった。今までの西郷隆盛のイメージに合う人物はいなかったからである。私が逡巡しているのを見て、

「そう、この人！」

　エミリーが指さした人物は外国人の後ろに立っている一人の軍人であった。しかし、あの顔がいかめしく黒目が大きい馴染みある西郷隆盛の顔ではなかった。痩せ型で端正な口ひげのある顔と、黒髪をショートカットにした全く違う顔写真であった。

「この人が隆盛なの？」

「そうなの、裏の名前を読んでみて。」

　写真の裏には古いタイプライターで打たれた大文字だけの
アルファベット名と、その横に日本語名が羅列されている。

```
   1874 MEIJI 7NEN    RIKUGUNSHO
             乃木　希典      大山　巌
   STANDING:  NOGI MARESUKE OYAMA IWAO
             SAIGO TAKAMORI YAMAGATA ARITOMO
             西郷　隆盛          山県　有朋
   SITTING:川村 KAWAMURA SUMIYOSHI KATSU AWA  勝　安房
             JULIUS HELM SAIGO JUDO.
                  西郷　従道
```

　私は改めて英文と日本名をじっくりと見つめた。まさかと
いう感じであった。
「これって、マジなの、すごいよ。明治の元勲たちばかりじ
ゃない。」
「私は外国人だから、この人たちの名前はよくわからないけ
ど。」
「ところで、この真ん中の外国人は誰なの？」

「ジュリアス・ヘルムというドイツ人で、この写真はアメリカで発見されたの。」

「どうして、この写真がアメリカにあったの？」

「一緒に小泉八雲を勉強している英語教師の西林さんから急にこの写真を見せられたの。明治になって小泉八雲は小泉セツと国際結婚をした191番目の組で、その前の190番目にジュリアス・ヘルムと日本人の小宮ヒロが結婚しているのよ。

だから、このジュリアスという外国人は日本の戸籍にちゃんと残されている人なの。明治の初めに日本に渡ってきて、横浜でビジネスを始めて大成功したらしい。そして日本人の奥さんをもらって、子供は日本で育ったの。西林さんはそのヘルム家のお孫さんから、この写真を調べてくれって預かったそうよ。」

「じゃ、孫たちも日本にいるの？」

「今はアメリカに住んでいるわ。でも面白い話でしょう。」

　私は写真を見た時に、一瞬にして鳥肌が立った。この写真の人物たちは明治維新を成功させた、日本人が誰でも知っている英雄たちではないか。

「それで私が作家の茶屋二郎さんを知っていると言ったら、西林さんからぜひこの西郷隆盛が本人に間違いないかどうか、調べてほしいと言われたの。」

「嬉しいな、茶屋二郎を知っているなんて。」

「テレビでよく見ているって。」

私はまたかと思った。某テレビ局で茶屋二郎というミステリーの探偵番組があるので、いつも私の作品かと間違えられて迷惑をしているのだ。名前を知ってもらうのは有り難いが、作家の茶屋二郎ではないことを知ってちょっと失望した。

「ジュリアス・ヘルムが書いた日記のコピーも預かったので、これを読んでみて。何か茶屋先生の新しい小説のヒントになるかもしれないわ。」
　エミリーは国際結婚の子孫たちに伝わった100年以上前の古い写真と日記を預かって、何か歴史的な発見を私に期待しているようだ。
「ありがとう。もしこの写真が本物ならば、ヒント以上の大作のネタになるかもしれないよ。早速この写真が隆盛本人かどうか調べてみる。」
　私の内心はエミリー以上に興奮していた。すぐにこの日記を読んで、この写真が本当に明治７年に撮られていたのか、調査してみたい。
「エミリー、それじゃ、わかり次第連絡するよ。」

　私は飲み物を片付けると、エミリーをせかして駅前のタクシーに乗せた。他の乗客はもう誰も待っていなかった。
次の車を待ちながらこの写真が偽造でなく、本物かどうかチェックするのは明治維新の超有名人だけにさほど難しくない

はずだ。この8人が明治7年に陸軍省で一堂に会したことがあるかどうかは、明治時代の各人の伝記なり年表を紐とけばすぐわかるだろうと思っていた。

　自宅に帰ってからも眠気は飛んでいた。書斎の机の前に座ってから、あることに気づいて私はネガティブな気分におちいった。この写真にタイプされた明治7年とは、よく考えてみれば西郷隆盛は明治6年の秋に征韓論で岩倉具視と激論の末に、参議を辞職して鹿児島に帰ってしまっている年だ。果たして陸軍大将だった隆盛が暇を見つけて、東京の陸軍省に鹿児島からまた戻ってきていたのか自信は持てない。

　私はすぐに書棚から明治維新の志士たちを専門に研究していた伊藤痴遊が昭和4年に書いた「西郷南洲編」の古書を取り出した。彼の著作はいずれも歴史書というより講談的な情景描写や秘話が多いので、隆盛が内密に明治7年に上京したことが書いてあるかもしれないと思ったからである。

　明治6年8月17日、東京千代田城内の太政官室の閣議において、朝鮮国への修好大使として陸軍大将であり参議の西郷隆盛が選ばれた。

10月14日、岩倉使節団が帰朝してから最初の内閣会議が開かれた。内務卿の大久保利通がまず発言をした。

「徳川幕府を倒して、明治政府となってから、まだ幾年にもならず、内政上の事さへ、一向に整っておらぬ。洋行をいたして、世界の現状も見たが、実に恥ずかしい。この有様では、条約改正も

難しい。この場合に好んで朝鮮に、事を構える事は、はなはだよろしくないと思う。

朝鮮の後ろには、ロシアもあればシナもある。朝鮮の事は、朝鮮一国で済むものではない。それから西郷大将のような人が、大使となって行かれるのは、ことによろしくない。万一の変があったら、国家の損害は容易な事ではない。西郷大将派遣の事はいずれにしても、いかんと思う」

いつもは寡黙な西郷がすぐに反駁した。

「大久保はん、おいは朝鮮国へ交渉をしに行くのであって、戦争をしに行くのではないでごわす。それともおいが殺されることを望んでおられるのか？」

確かに大久保の朝鮮使節殺害が不可避であるという前提の論議は不穏当で、大久保は沈黙せざるを得なかった。

「三條太政大臣、朝鮮国大使派遣の議は8月17日の閣議ですでに決定していることじゃ。今さら是非を議することではござらぬ。今日まで待っておったのは、岩倉さんを重んじての礼の為じゃ」

西郷が決然として話を打ち切った。

「岩倉右大臣と大久保参議は帰国されたばかりで、8月の閣議の内容もよくご存じないと思われる。今宵我が再度よくご説明をして、明日の閣議の後で正式に奏聞させていただくことにしまする」

三條実美は西郷の剣幕に恐れをなして、天皇への奏聞を翌日に延期することで会議を終了させた。この三條の優柔不断な決断が後日の西南戦争の発火点になる。

案の定、翌日反対派の岩倉と大久保は辞任を申し入れてきた。

気弱な三條は両者から圧力を受けてその晩に人事不省となり、奏上は延期されてしまった。

明治天皇は岩倉に太政大臣の代理を命じられた。その瞬間に岩倉は西郷の遣韓使節の件を独断で延期してしまう。

西郷は内閣決議を無視した岩倉の態度にあきれて、

「おいどんはもはや何も申さぬ。おはんの御随意にしなはれ。これで御免こうむる」

この一言を残して、西郷は席を離れた。すぐに辞表を提出すると、即日鹿児島に戻ってしまった。

有名な征韓論の話ではあるが、このあと伊藤痴遊の本の内容は明治10年の西南戦争前夜まで内容は飛んでいた。写真には、「1874 MEIJI 7 NEN RIKUGUNSHO」と書かれてあったが、はたして辞任した後でも隆盛はお忍びで鹿児島から東京の陸軍省へ来ることがあったのであろうか？　明治天皇は西郷隆盛の参議と天皇を守護する近衛都督の辞任は認められたが、陸軍大将の地位の辞職は許されなかった。だから下野したといっても陸軍省には職務上いつ戻ってもおかしくはないのだが。

私は次に昭和2年に出版された「大西郷全集」を書棚から取り出した。その中で書かれている年表と記事には、隆盛は明治7年の正月には佐賀で反乱を起こした江藤新平と会談したことと、その後は鹿児島県下の温泉地巡りをした記録しかなかった。記念写真の同席者の内、大山巌と川村純義は隆盛

の姻戚で、西郷従道は弟である。他の人物も幕末からの明治
維新を成功させた薩長の同志でもある。

もし隆盛が上京したならば、その記録が公式に残っていない
ことも不自然である。また隠密裡に上京したとして、逆に山
縣や大山などの軍幹部が同席して、内々に集合写真などを撮
るようなことが可能だったのだろうか？　私は調査の入口か
らハードルにぶつかった。

そこで「明治維新人名辞典」を取り出して、各人物の履歴を
読み始めた。ひょっとして誰かの記録に残っているかという
淡い期待であった。辞典の字体が小さすぎて眠気がたびたび
襲ってきた。

西郷隆盛　さいごうたかもり

文政10年（1827）12月7日―明治10年（1877）9月24日　薩摩
藩士（称）吉之助（贈）

正三位（生）鹿児島城下下加治屋町　父は薩摩藩士西郷吉兵衛
（隆盛）　母は椎原氏の長女満佐子

18歳の時に郡方書役助　安政元年（1854）藩主島津斉彬の江戸
での庭方役 安政5年の大獄で大島に流される　斉彬死後、島津
久光に疎んじられて徳之島と沖永良部島にまた流される　元治元
年（1864）赦されて上京軍賦役となり、第二次長州征伐で薩摩
藩代表として薩長同盟を結ぶ　慶応3年（1867）王政復古の
後、武力倒幕の方針を取る　明治元年（1868）鳥羽伏見の戦い
で勝利　大総督府参謀となり幕府代表の勝安房と折衝　江戸城無
血入城を果たす

戊辰戦争後、鹿児島藩大参事となる　明治4年（1871）上京、参議となり廃藩置県を断行

陸軍元帥兼近衛都督・陸軍大将となる　明治6年（1873）訪韓大使を反対され鹿児島に帰る

明治7年（1874）私学校を創設　明治10年（1877）西南戦争を起こして9月24日城山で自刃

年51歳　官位を剥奪されたが、明治22年（1889）正三位に復す

西郷従道　さいごうつぐみち

天保14年（1843）5月4日─明治35年（1902）7月18日　（称）信吾　　（生）鹿児島城下下加治屋町　薩摩藩士　父は薩摩藩士西郷吉兵衛（隆盛）　母は椎原氏の長女満佐子　三男　隆盛の弟

茶道に出仕　文久元年（1861）に還俗　寺田屋事件　薩英戦争　禁門の変　鳥羽伏見の戦いで重傷を負う　戊辰戦争に参加

明治2年（1869）山縣有朋とヨーロッパ諸国を歴遊して3年に帰朝　兵部権大丞　5年（1872）陸軍少将　明治7年（1874）陸軍中将　征台湾総督

10年（1877）近衛都督　西南戦争で政府方につく　18年（1885）海軍大臣　各大臣を歴任後明治27年（1894）海軍大将　31年元帥　60歳で没

大山巌　おおやまいわお

天保13年（1842）10月10日─大正5年（1916）12月10日　（称）弥助　　（生）鹿児島城下下加治屋町　薩摩藩士　父は薩摩

藩士大山彦八　母は競子　次男　隆盛と従道の従兄弟

寺田屋事件　薩英戦争　江川塾で砲術の免許皆伝を受ける　隆盛の秘書役となり島津藩の２番砲隊長となる　鳥羽伏見　戊辰戦争に参加　明治２年（1869）洋行して普仏戦争を観戦　明治４年帰国後、その年（1871）再びフランスに留学　明治７年（1874）に帰国　西南戦争では砲兵隊司令長官として従軍　13年（1880）陸軍卿　18年（1885）陸軍大臣となる　日清、日露戦争には司令長官として参戦　最終は元帥陸軍大将　75歳で没

川村純義　かわむらすみよし

天保７年（1836）11月11日―明治37年（1904）８月12日

（称）与十郎　（生）鹿児島城下上荒田町　薩摩藩士　父は川村与十郎　長男

安政２年（1855）幕府の長崎海軍伝習所で学ぶ　戊辰戦争では薩摩軍４番隊長として活躍　明治２年（1869）兵部大丞　４年兵部少輔　５年(1872）の陸海軍両省設置で海軍少輔　７年（1874）の台湾出兵で海軍中将になる　西南戦争勃発直前に隆盛との会見が実現せずに政府に参軍　11年（1878）に参議兼海軍卿　18年（1885）宮中顧問官に転じ皇室の養育主任となる死去に際し海軍大将となる　年69歳

勝安房　かつあわ

文政６年（1823）１月30日―明治32年（1899）１月19日

（称）安房　（生）江戸本所亀沢町　旗本　父は勝小吉　母はのぶ　長男

安政 2 年（1855）幕府の長崎海軍伝習生監督　万延元年（1860）咸臨丸を指揮して米国を訪問

文久 2 年（1862）は軍艦奉行　維新政局の収拾に活躍　明治 2 年（1869）明治新政府に登用される　以来外務大丞・兵部大丞・海軍大輔・7 年参議兼海軍卿・元老院議官を任じられるが、多くは勤務せず　8 年以降は自適する　年77歳で没

山縣有朋　やまがたありとも

天保 9 年（1838）閏 4 月22日―大正11年（1922）2 月 1 日　（称）狂介　（生）長門国萩城下川島庄　萩藩仲間　父は山縣三郎　母は松子

文久 3 年（1863）12月奇兵隊に参加　長州戦争　戊辰戦争　明治 2 年（1869）渡欧　3 年 8 月帰国後、兵部少輔　4 年（1871）廃藩置県を推進　兵部大輔　5 年陸軍中将・近衛都督　6 年初代陸軍卿　7 年（1874）参議　西南戦争では征討軍司令官　明治22年（1889）閣僚を経て首相となる　日清、日露戦争には第一軍司令官、参謀長として参戦　明治31年（1898）には再度総理大臣となる　年85歳で没す

乃木希典　のぎまれすけ

嘉永 2 年（1849）12月25日―大正元年（1912）9 月13日　（称）源三　（生）長府藩江戸上屋敷　長府藩士　父は乃木希次　母は壽子　三男

明治 3 年（1870）2 月藩の練兵教官になる　明治 4 年（1871）陸軍少佐東京鎮台に勤務　明治 8 年（1875）熊本鎮台連隊長

明治10年（1877）西南戦争で連隊旗を奪われる　明治16年（1883）東京鎮台参謀長　明治17年歩兵第11旅団長　少将に昇進　明治20年（1887）ドイツへ留学　明治25年（1892）東京歩兵第一旅団長として日清戦争に参加　明治29年（1896）台湾総督　明治37年日露戦争（1904）で第3軍司令官　大将に昇進　学習院院長　62歳で殉死

　残念ながら隆盛の明治7年の上京に関する記事はなかった。しかし改めてこの7人の人物の履歴を見ると、近代日本を造った歴史上の英雄たちが一堂にこの記念写真に収まっていることは、実に僥倖であることがつくづくわかる。それだけに、もしこの写真の真偽が定まれば間違いなく日本歴史の貴重な一コマの写真になるに違いない。とりあえず私は諦めて寝ることにした。明朝、頭のすっきりした時にもう一度確かめてみよう。

　翌朝、私は隆盛が明治7年に陸軍省に来ていないとしたら、この写真の真偽を立証するための仮説を立てて探ることにした。
明治7年に撮られたというこの写真が実在するならば、3つの仮定が成り立つ。

（1）一つは、隆盛がその年は東京には不在であるから、隆盛と称する写真の人物は他人である。

（２）もし隆盛が本人だとすれば、撮られた日時は明治７年
　　ではなかった。
（３）写真が偽造されていて、偽物の隆盛とすり替えた合成
　　写真である。

以上３つの仮定が考えられる。しかし、私にはどうしても偽
造や合成写真とは思えなかった。当時の湿板写真や銀板写真
の技術から見て、合成写真、つまり人物一人だけを入れ替え
ることは至難中の至難だったはずだ。
明治初期の写真技術を文献から引用すると、下記のようにな
る。

　1851年（嘉永４年）にイギリス人のフレデリック・アーチ
ャーがコロジオンプロセス（湿板写真）という新技術を開発
する。それまでは銀板写真（ダゲレオタイプ）と呼ばれて、
銀板にヨウ素の蒸気を当ててから、感光性を持たせた銀板を
暗箱で撮影した後で、水銀蒸気によって現像した。しかし、
この方法は原板となる銀板上からは１枚限りの左右逆像の写
真しか取れない。それに露光時間は数分以上を必要とした。
アーチャーが開発した写真新技術は、コロジオンをひいたガ
ラス板に硝酸銀を浸して原板の濡れている間に撮影して現像
する方法である。露光は５〜15秒程度と短くなり、１枚のガ
ラス原板から何枚でも美麗な画像が紙焼きできる画期的な手
法で、同じ印画が可能になった現代式のネガポジ方法であ

る。

次世代の技術であるゼラチン乾板は日本では明治中期から使用されて、現代でも世界的に隆盛を極めている。

　この問題の集合写真はその繊細で美麗な画質から間違いなく明治前期に主流となっていた湿板写真に間違いない。そうすると、原板が残っていれば焼き増し可能だ。この写真を撮ったカメラマンは誰なのか、そして原板はどこにあるのか、それらが究明できれば、真偽がはっきりするだろう。
この写真は所有者のヘルム家以外、これまで日本人が誰も知らなかった明治維新後の新しい写真である。それだけに写したカメラマンは限られるはずだ。私は第1のチェックポイントとして「撮影者、原板、紙焼き」とメモに書きつけた。

　翌週の日曜日の午前中は陽射しがあり暖かく、コートなしでも外出できそうであった。私は猫のように我家の暖かい場所を求めて、南側の陽の当たっている窓側に書斎の椅子を動かしていた。その時、スマホの着信音が鳴った。

「茶屋先生、私、エミリーです。」
「エミリーさん、おはよう。どうしたの？」
「静岡の高校で英語を教えている西林さんに茶屋先生がもう少し詳しい話を聞きたいって電話したら、今日の昼に突然静岡から東京に出てくるというの。

先生、これから出られます？　よかったら東京駅近くで会うことにしたので、私が車を運転していきますけど。」

　エミリーはいつも口と行動が同時である。

「それはいい話だ。早速会いましょう。家で待っているからピックアップしてくれる？」

「O.K」

　善は急げだ。私はすぐ背広に着かえると、迎えのエミリーの車が来るのを待った。彼女は半分アメリカ人だからかもしれないが、どこへ行くにも自分で車を運転する。長距離ドライブをまったく気にしなかった。葉山の海の近くのマンションに住んでいるから、30分もあれば我が家まで来るだろう。エミリーが10年以上乗っている白いプリウスが我が家の前に停まった。さっそく同乗して、横浜横須賀道路を経由して1時間もかからずに東京駅に着くことができた。日曜日の午前中ということもあって道は空いていた。我々は東京駅の近くにある丸善書店の4階の喫茶店で、新幹線で来る西林先生を待つことにした。

　ここは膨大な図書に囲まれた中のオアシスのような感じで、のんびりコーヒーを楽しみながら気軽に本が読めた。なによりもいい事は黙っていても本好きが集まる場所ということで、込み入ったビジネスや賭け事などの話をする客は皆無に近かった。

午後の1時過ぎに西林先生は大きな黒いキャリーバッグを引

きながらキャジュアルな恰好で現れた。まるでこれから旅行に行く感じである。年齢は60歳過ぎだろうが若々しく見える。

「西林先生、これからご旅行に行くの？」

開口一番、エミリーがストレートに聞いた。

「いや、エミリーさんから茶屋先生を紹介するというので、これまでの資料をすべて持ってきました。」

西林先生は自己紹介の挨拶もそこそこにバッグを開けると、たくさんの本やコピーの資料、写真、ポスターまでも取り出して、狭いテーブルの上で勝手に広げ始めた。

「茶屋先生、じつはアメリカの友人のリチャード・ヘルムから20年前にこの写真を見せられて、それからずっと日本歴史にはうとい私が、この写真の魅力に取りつかれて研究を続けてきた訳です。」

「20年間もですか？」

私は正直、その熱意に驚いた。

「リチャードさんとはどのようなご縁で知り合ったのですか？」

「リチャードと初めて会ったのは横浜でした。1997年の冬の横浜駅でのことでした。そもそも私はアメリカ車のナンバープレート収集家の組織、ALPCA(Automobile License Plate Collectors Association)の会員でした。日本人の会員は私が初め

てということもあり、様々な外国人たちと親しくなりました。リチャードも、そんな仲間の一人でたまたま日本に来るということで、横浜で会ったわけです。

　翌年、彼がまた来日した時に静岡で一緒に食事をしました。食事が終わってから、リチャードがこの写真のコピーを私に渡しながら、ひいおじいさんのヘルムのことを説明し始めたのです。それが日本には存在しない西郷隆盛の写真の話だったので、私は正直驚きました。

そこでリチャードにコピーでなくて、本物の写真はあるかどうかを尋ねたら、アメリカに帰国後、探すことを約束してくれて別れました。数週間後、リチャードから電話が入り、オーストラリアのおばさんが持っていたので、今手元にあるということでした。私はすぐに見たかったので早速現地に取りに行くことにしました。

　翌月、私がラスベガス空港に降り立つと、リチャードが空港まで出迎えてくれました。彼の家に直行し、この写真を受け取ったわけです。まさしく日本で見せてくれたコピーの実物の写真がそこにありました。ずいぶんとぼやけていましたが、間違いなく本物の写真だとわかりました。」

「まるで、映画のような話ですね。リチャードさんはいま何をなさっているのですか？」

「彼は空軍に勤めていましたが、いまは退役しています。」

「ジュリアス・ヘルムとの関係は？」

「ジュリアスの末息子で、カール(Wilhelm Karl Friedrich)の孫

にあたります。」

「なるほど、それでこの写真を調べて、どうでしたか？」

「もう、そろそろ諦めてやめようと思っていたところに、エ
ミリーさんからお電話を頂いたので喜んで来たわけです。」

「ということは、この写真の西郷隆盛は本人ではないと」

「何人もの専門家の先生に、この写真を見せたところ、すべ
て否定されて。」

「なぜですか？」

「この写真に書かれた明治7年という年は、西郷隆盛は鹿児
島に戻っていて、東京の陸軍省にいるはずはないというのが
大半の方の意見でした。」

「確かに、歴史的にはそうですね。そうすると、この写真の
人物は西郷隆盛ではないと言うわけですね。」

　うなずく西林さんは気弱だった。だがその答えは私にとっ
ては驚くことでなかった。歴史上の客観的事実として、隆盛
は征韓論の奏上が天皇に拒否された責任を取って参議を辞任
すると、明治6年の秋に故郷の鹿児島へ戻っている。やはり
最初に写真を見て私が感じたことを、他の歴史専門家たちも
指摘したようだ。

「この写真の裏に日本人7名の名前を日本語で書いた人が誰
なのかわかるといいのですが。ごぞんじですか？」

「いえ、わかりません。この写真を最初に見つけたひ孫のレ

スリー・ヘルムさんが言ってました。」

「レスリーさんとは？」

「ヘルム家は大家族なのでたくさんの子孫がいて、話がやや
こしくなってすみません。ジュリアスは日本人の小宮ヒロと
明治8年に結婚して、4人の男と4人の女の子が生まれま
す。レスリー・ヘルム(Leslie Helm)はジュリアスの3男のハイ
ンリッヒ (Julius Felix Heinrich)の孫になります。

レスリーは横浜で生まれて、今はロスアンゼルスで新聞記者
をしています。レスリーが写真を発見した当時のいきさつを
書いた本がこれです。」

　西林先生は一冊の分厚い洋書を取り出した。タイトルには
「YOKOHAMA YANKEE　LESLIE HELM　横浜ヤンキー　レ
スリー・ヘルム」と書かれてあり、セピア色の家族の写真が
表紙を飾っていた。左側に背広姿のジュリアス・ヘルムが座
り、股の間に挟まれて4、5歳ぐらいの男の子が立ってい
る。写真の真ん中には学生服を着て、帽子をかぶった長男と
思われる10歳ぐらいの男の子が立っている。右隣には日本人
の中年女性が着物を着て、膝の上にやはり着物を着た2歳ぐ
らいの可愛い女の子を抱いていた。横浜に住み着いて、日本
妻のヒロに子供が生まれた頃の家族写真のようだ。

「いずれレスリーさんからもお話を聞きたいですね。ぜひ、
この本を読ませてください。」

きっと何か私が知らない日本歴史の新しい事実が見つかるに違いない。いずれにしろ写真の裏へ日本人名を手書きした人間がすべての真相を知っている。第2のチェックポイントになると私は思った。

「それと、もう一つ指摘された写真の問題点がありまして。」

西林先生がまた弱々しく答えた。

「この隆盛の左隣にいる大山巌が、明治7年には欧州に留学していて、日本には不在だということが分かっています。だからこの写真の大山巌は大山ではなくて、鹿児島県令になった大山綱良ではないかと言う学者もいまして。」

「そうですか、よく調べてみましょう。明治の元勲たちはこの頃殆ど勉強のために留学していますからね。この右端の山縣有朋と西郷従道も欧米に視察へ行ってますよ。」

私は専門家と称する人たちのネガティブな意見を西林さんから聞いて、フルベッキの写真の二の舞かと一瞬思い始めた。フルベッキはオランダ人の宣教師だが、幕末に来日して長崎や佐賀で英語塾を開いた。その時に塾生である多くの維新の志士と撮った集合写真がマスコミに騒がれて有名になったことがある。写真には西郷隆盛や坂本竜馬も写っているとされて騒がれたが、まだ真実かどうかは立証されていない。

私の気落ちした顔色を見てか、西林先生が一言付け加えた。

「ただ一人だけこの写真を見られたら、手が震えて本物だと断言された大学教授がおりました。」

「え、その方は、誰ですか？」

「京都芸術大学の重久教授という方で、専門分野が明治初期に政府から招聘されたお雇い外国人たちでしたので、これは本物の隆盛だとすぐに断定してくれました。」

「その先生はいま、どこにおられるのですか？」

私の目の色が変わって、すぐにたたみかけた。

「残念ながら昭和59年に亡くなられました。これが生前、重久教授の書かれたご本です。」

それは昭和51年に書かれた「お雇い外国人」というタイトルの古ぼけた本であった。

目次を見ると、その最後に和歌山藩のドイツ人という章があり、その中になんとユリウス・ヘルムとアドルフ兄弟という項目があるではないか。Juliusの名前はドイツ語ではユリウスと発音するので、英語読みのジュリアスとは同一人物なのだ。その文中には西郷隆盛がいるこのヘルムの写真も掲載されていた。

「この同じ写真がどうして掲載されているのですか？」

「私がこの写真を見せると、重久教授はすぐに調べると言われて、神戸と横浜に住んでいるヘルムの子孫を訪ねて、この写真とジュリアスの伝記を預かったのです。」

「ここにあるコピーがその伝記ですか？」

「そうです。ドイツ語と英語版の両方があります。ジュリアスの死後に次弟のカールが当初ドイツ語で書かれていた日記をタイプして、その文章を1935年に3男の息子のジェームス・テオドール(James Theodor)が英文で伝記にしたそうです。」

「1935年といったら、昭和10年ですよ。そんな昔にタイプされたものなのですか。戦前の話ですね。

西林先生、それでは今日はこれらの資料を貸していただいて、早速正式に調査を始めたいと思います。私見ではこの写真の人物が100%隆盛だと断定するのは難しいと思いますが、逆にこの人物は誰だったかを探すことができれば解決できるのではないでしょうか。」

「茶屋先生、よろしくお願いします。」

　私はすぐに家へ帰って、この本に書かれてある内容を知りたいと思った。きっと重久教授が直感的に本物と感じた証拠がどこかにあるはずだ。我々3人は喫茶店で遅いランチを取った後、またの再会を約して別れた。

エミリーは私と西林先生が話している間中、珍しく無口で西林さんが提供してくれた写真を見続けていた。地下の駐車場に戻って、パークしてあった車に乗るなり、エミリーが助手席の私に写真を突き付けた。

「茶屋さん、この写真をもう一度よく見て。この写真の背後の暖炉は本物でなくて垂れ幕よ。」

　渡された写真は画像が克明にわかる写真だったので、よく見ると天井から大きな幕が降りていて、右の切れ端の背後は唐草模様の壁面で、左端には何か木の板壁があるように見える。

「そうだね、この写真はどこかの写真館で撮られたのかな。あるいは陸軍省にこの垂れ幕が常備されていたのかな。」

「そうね、それとこの手前に見える木製の手すりは階段につながっているようよ。多分2階かもしれない。それにこの手すりのデザインはビクトリア風建築の内装だと思うけど。」

「そうすると、もともと陸軍省の建物はビクトリア建築だから、やはり陸軍省で撮ったことは間違いないのかな。中にカメラやスタジオがあったというわけか。」

「それに私、気になるのはこの勲章が皆同じでしょう。そうすると階級が一緒なのもおかしいわね。それに隆盛と言われる人だけが、右肩に飾り紐のようなものを着けているでしょう。きっと階級が偉かったからではないかしら。」

「なるほど、エミリーの言う通りだね。日本軍の参謀が着けていた飾り緒みたいだね。調べるポイントが増えたな。」

　この写真のジュリアス・ヘルム本人が撮られたのは事実だろうが、それ以外の日本人には謎が多すぎる。チェックポイ

ントがまた増えたようだ。第3の調査項目は「勲章、飾り緒、写真館」か。私は混乱したままエミリーに自宅へ送ってもらって、その日の隆盛探しは混迷の闇の中で暮れた。

　翌日から西林先生から手渡されたジュリアス・ヘルムの伝記の英文版を精読することにした。ここには私が知りたい、この写真がなぜ撮られたかという詳細が記述されているはずだ。最初のページの冒頭にはジュリアス・ヘルムがドイツ語で書いた日記を、弟のカールがリライトして伝記にした。それを甥のフリッツ・セラが横浜で英語に翻訳してタイプをしたと書いてあった。日付はタイプの文字が消えかかっていて正確に判読できなかったが、1935年（昭和10）6月のようである。ジュリアスはドイツ出身なので本物の日記はドイツ語で書かれているが、第二外国語でドイツ語を片言勉強しただけの私には、翻訳に時間がかかり過ぎるのでドイツ語版は遠慮することにした。

　ジュリアス・ヘルムの伝記から

　私がこの決断にいたった理由はうまく言えない。アメリカに移民してからの、この失望感は昔国を出るときにちょうど"ヨーロッパの疲労"と呼ばれた病気にかかった時と同じような疲労感に似ていたかもしれない。ただその時、私は若くて自由だったので、決断は簡単だった。私は他の世界を見てみたかった、見ていけないはずがない。わずかな所有物を処理するのは訳なかった。

残していくトランクは二人のアイルランド人の叔父に預けた。そしてもう一つのトランクを持って、私はシカゴからサンフランシスコ行きの太平洋郵便鉄道（Pacific Mail Railway）に乗った。アメリカ大陸横断の鉄道工事はすでに全線完成していた。これまでのスエズ運河経由の船よりもはるかに時間が短縮できた。

　サンフランシスコに着いて、私は鼻の差で中国行の船を逃してしまった。次の船が来るまで12日間も待たなければならないと告げられた時、性格的に待つことができない私は2〜3日後にゴールデンエージ（The Golden Age）号という日本に行く船を見つけた。中国と日本、どこが違うのか？　2つの国とも位置する場所は同じ方向だ、どちらが私の目的地であっても地球の上に変わりはない。
乗船したゴールデンエージ号は帆と蒸気エンジンによって左右の外輪を動かす河川用の船であったが、太平洋でも快適に走ってくれた。日本の沿岸に近づいた時、激しい嵐に遭遇した。
　今は船酔いで、かび臭い部屋から新鮮な空気を求めて甲板に出た。そして外輪をカバーしている木枠の上に都合よく腰かけた。冷たい泡だった潮まじりの海水が顔面を撫でてくれて気持ちがよくなった。外輪の回る振動と音が下部から響いてくる。荒れた上空を見上げると、槍のように突き出したマストの先端に吹く突風が帆をパンパンに膨らませている。私は寒さを感じて、コートを取ろうと部屋へ戻った。しばらくすると、また気持ちが悪くなったので外に出た。同じ場所に戻ろうとしたら外輪の木枠が無くなっていたのを見て、唖然とさせられた。その場所を離れているわ

ずかな間に、大浪が木枠を完全に取り去っていた。もしジャケットを取りに行かなかったら、間違いなく自分は波にさらわれて死んでいただろう。

しかし、恐怖心より爽快さを感じた。これまで私の人生は抑圧されていた。最初は父親から、次に他の農場主から、でもいま私の背中を押すものはこの吹き荒れる風だけだ。

私の父はドイツのベルリンの近くのわずか16軒の農家しかない古いロゾオウ村で農場を所有していた。父の名前はヨハネ・テオドール・ユリウス・ヘルムといい、母はキャロラインで、私は長男としてこの農場で1840年7月23日午前9時に生まれた。

父は私が14歳の子供の頃から、10種類の農作物の耕作方法や牧草地の管理について、私の頭の中に注意深く残るように指導してくれた。油菜、小麦、カラス麦、豆類、ライ麦、ジャガイモ、大麦、クローバー、芝草などであった。油菜、豆、ジャガイモは肥料を施す必要があったが、小麦、カラス麦、ライ麦は肥料なしで育った。クローバーは同じ土地で8年ごとに育てられたものだけを燃やし、灰にした。十分な肥料を施されたジャガイモは同じ土地に連続して植えることができた。

私はまるで時計のように朝の3時から夜の11時まで働きとおした。早起きはその後の人生の習慣として日常になった。弟妹たちは街の高校へ行くことができたが、長男の私はその機会を得ることはできなかった。

19歳の年に有名な農場の見習いとして修業に行かされた。そ

の2年後に私は軍に徴兵された。父は軍隊では常に人を殺めることを考え、社会に役に立たない仕事をする所だと考えていたので、軍人にはならなかった。それでも父は私のために調べてくれて、役に立つ仕事が覚えられるように工兵隊を希望させた。父の指導は正しく、工兵隊での2年間の教練は私の人生の中で最も良い教訓となった。

しかし、父が死んで農場に戻った後で、すぐにドイツとオーストリアの間で戦争が始まった。私も工兵として従軍した。1864年、最高司令官フレデリック・カール皇太子率いるドイツ軍はクルニックグレーツ(Koenigsgraetz)の戦いで見事勝利を収めた。私の所属する工兵隊はすでにウィーンの近くの村まで進撃していた。

1868年の春の霜がまだ大地に残る頃、私は弟のアドルフと一緒にハンブルクを経由してアメリカに渡った。父の遺産を利用して百万長者になる夢を見たが、ミネソタやシカゴでの農場経営はうまくいかなかった。その生活は決して居心地のよいものではなかった。それは私が努力しても英語が少しも上達しなかったからだ。仲間からは英語を使わないので、「ドイツのクソ野郎」と呼ばれて、いつも喧嘩になった。

しかしある時、友人の結婚式の何げないスピーチで目が覚めた。ある男がドイツからアメリカへ渡る前は、「アメリカは地図の上でしか見えなかった。でもアメリカに着いたら、故郷と同じ月と太陽が見えた。」
この哲学的な言葉で、私はうまく折り合えないアメリカに固執す

る必要はないと思い、全財産をまとめて中国へ渡るという熱い願望を叶えようとした。

　翌朝、目覚めた時、船のマストは折れていて、エンジンルームは水浸しでボイラーの火は消えていた。乗客全員が手伝って甲板の様々なごみを取り除いてくれたので、船員たちはボイラーに再点火することができた。

船はよろよろしながら横浜港に向かっていた。港の両岸は狭い丘に囲まれ木々が繁茂して、丘の上まで畑がよく開墾されていた。舟は茅葺きの村落を見ながら通過して行った。横浜港には小さな木船があふれており、いくつかは四角い帆を揚げていた。小船の多くは赤銅色に日焼けした船頭たちが船尾にある一本の櫨を前後に漕いでいる姿であった。

　横浜港は目の回る忙しさの町であった。綿糸、油、野菜、肉、そして機械などが輸入され、代わりに茶や絹が輸出されていた。外国人がこの地に来るまで、横浜は東京や大阪の商業地からは外れた80軒の寒村でしかなかった。しかし今は、貿易港として人々があふれ、日本全国から何千人という商人が集まってきていた。まるでアメリカの西部開拓史の町のようで酒場、賭博場、売春宿に船員たちがたむろする有様であった。遊郭の格子窓は客に媚を売る遊女たちのショーウインドウのようで、それはヨーロッパのゴミ捨て場のように感じた。一方、洗練されたヨーロッパの商人たちが集まるクラブも存在した。

横浜が開港されてから10年も経たずして、すでに700隻近い外国船が横浜港に寄港していた。私が着いた1869年（明治2）の7

月には、それでも1,586人の欧米人しか住んでおらず、他の数百人が最近開港された南西260マイルにある神戸に居住していた。

　私は横浜に住む一般大衆と区別するために蝶ネクタイを着用した。波止場から街に入ると、木製の枕や墨絵、象牙品などを売っている商店があった。港の南側には２階建てのレンガ造りの外国人管理事務所が見えた。最初の建物は1859年に建てられたが焼失したので、1866年に再建されていた。ヴィクトリア王朝の建物が林立する外国人居留地は1869年には運河を越えて、２マイル先の崖まで広がった。その崖の麓は元町と呼ばれて、外国人が書物、食品、薬などを買う商店街になった。

港の北側は屋根瓦がつらなる日本人街で、長い天秤を肩にかけ、両側のザルに貝や野菜を満載にして器用にあやつる行商人が多く見られた。彼らの甲高い売り声が通り中に響いていた。そして輸出する前に茶葉を蒸している大きな倉庫から刺激的な匂いが漂ってきていた。

散歩していたある日、街のいたる所に色とりどりの提灯とのぼりが飾られ、まるでお祭りのようであった。それらはちょうど競馬がおこなわれる日の催事だった。

　私は蝶ネクタイを買った雑貨店の店主クラウゼが紹介してくれた、やはりドイツ人の肉屋からの仕事を手伝う代わりに部屋を提供してもらった。そのうちに肉屋の弟子になっているよりも、もっと給料に恵まれた適職を見出した。それは６フィートを超す身長と強い肉体を生かした仕事で、飲んだくれた水夫たちをそれぞ

れの母船に戻す仕事であった。

しかし肉体労働は辛かったので、倉庫の管理や母船の積荷商品を小舟に付け替える乙仲の仕事の責任者としてアメリカの会社に雇われた。私は倉庫の従業員の小さな部屋で寝泊りをしながら、1869年（明治2）の冬を暖房用に1ドル分の石炭を買って、1日肉1切れの節約した生活をして過ごした。

　日本はその頃、西洋の技術習得に必死で、その年には電信が届くようになり、鉄道建設が始まっていた。しかしながら日本政府の指導者は西洋国による植民地化と、アヘン貿易で中国が衰退したことで、外国人を警戒しており半径25マイル以上の外出を制限していた。それ以上行くには特別のパスポートが必要とされた。

　私は弟のアドルフがニューヨークでの仕事に満足していなかったことを思い出した。弟にアイルランドの叔父に預けたトランクを持って日本に来ることを、手紙を書いて頼んだ。数か月後にアドルフとトランクは日本に到着した。彼は旅費代をもちろん前借りして来ていた。でもアドルフの視野には辞めた仕事を気にすることもなく、時がくればどうにかなると思っていた。そう、我々は2人とも若いのだ。

　まもなくして、我々は横浜のドイツ総領事であるマックス・フォン・ブラントから和歌山藩の日本兵の教官になることを勧められた。ブラントは和歌山の旅行から戻ったばかりで、和歌山藩は西に700マイル下った地域の有力大名であり、ドイツ陸軍のカール・カッペン軍曹が日本古来の剣を差した侍たちを近代的なドイ

ツ式軍隊にするべく教練中であると、もったいぶって話した。

　私はそこまでジュリアスの伝記を読んで、奇異に感じたので読むことを止めた。

紀州和歌山藩はもともと御三家の一つで徳川家の譜代大名である。明治元年の鳥羽伏見の戦いでは徳川軍はフランス式の銃機と軍装で戦ったと記録にある。

敵対した薩長軍はイギリスの応援を受けていたので、銃機、大砲はイギリスから購入した。それがなぜ維新後、すぐに明治政府がイギリスからドイツ式の軍制に変更したのかわからなかったからである。

日本陸軍史を早速紐といてみると、ドイツ式の軍制に変えたのは明治16年以降のことで、それまでは基本的に徳川家に順じてフランス式であったことが記されている。それならば明治の初頭に和歌山藩だけが、なぜ全国に率先してドイツの軍制を導入したのであろうか？

　第4のチェックポイントを「和歌山藩、ドイツ式軍制」とメモに付けた。

2　カール・カッペン

　翌日からジュリアスの伝記を読むのを一旦止めて、私はほとんどの時間を重久教授が昭和51年に書かれた「お雇い外国人」の本とレスリーが2013年に出版した「Yokohama Yankee」の本を精読することに使い始めた。この写真の秘密の原点が幕末の和歌山藩と、そこに軍事教官として雇われたもう一人のドイツ人にあるらしいと気づいた。どの資料にもカール・カッペンという名のドイツ人についての日本での行動が詳細に記載されていたからである。

　　お雇い外国人より

　幕末において紀州藩は洋式銃隊を奨励して、西洋の軍制・兵術の研究が行われていたのであるが、その実効はあがらずして紀州藩の軍隊は他藩に比べてすこぶる遜色があった。そこで慶応2年（1866）幕府から軍事教師3名を迎えて、イギリス式で士官兵卒を教導させた。翌3年には藩士4名を江戸へ選抜派遣して、幕府の歩兵頭についてフランス式歩兵訓練伝習を命じた。
　しかるに徳川幕府は瓦解して明治維新となった明治元年

（1868）に、津田出が藩の執政を拝命する。

　なるほど幕末にはどの藩においても西洋式軍制への変更を考えていたが、どの国の方式が良いのかわからずに、紀州藩でも混乱していたことがお雇い外国人の本を読むとよくわかる。なぜ和歌山藩がドイツ式軍制導入に決めたのか、そのためになぜカッペンを雇い入れたかを、重久教授はその理由を明確に述べていた。ここにいま一人のドイツ人が登場する。

　　「幕末明初の頃、長崎から大阪川口に移って各藩に新式の
　　兵器を供給したり、その他の貿易に従事していたドイツ商
　　人カール・レーマン（Carl Lehmann）は会津藩の山本覚馬
　　を仲介として、撃針式のツンドネーデル銃
　　（Zundnadelgewehr）数千挺の注文を受けた。」

　この文章が意味することは、レーマンは幕末時のドイツ国の武器商人であった。当時の国内情勢は内戦一歩手前であり、すでに同盟を結んでいた薩長土藩はイギリスの武器商人グラバー（Thomas Glover）を通じて金属薬きょうを使用する最新式のスナイドル銃を大量に購入していた。それに対抗する会津藩がドイツの新式銃を購入し

ようとしたのもうなずける。ツンドネーデル銃は長い撃
針が紙製薬きょうを貫いて弾底の雷管を撃発させる方式
で、先込め銃が1発撃つ間に5発を発射できた。
その後カッペンは明治政府の軍制に大きな影響を与える
人物になるので、重久教授はかなりの紙面をカッペンに
割いていた。その記述を列記してみる。

　　カール・カッペンはドイツ・ハンノーバー王国のブュケ
ルブルク市で1833年に生まれ、1851年4月にライフル大隊
に兵卒として入隊、2年後の1853年7月伍長に、次いで特
務曹長となった。1866年（慶応2）のオーストリア・プロ
シャ戦争にオーストリア側として出征した。しかしプロシ
ャ軍の侵入を受けて戦いに敗れ、戦後ハンノーバー王国は
プロシャに併合された。そこでプロセイン・ライフル大隊
となり、彼は歩兵小隊長を勤務した。
彼は1867年9月に16年間の軍隊生活から退職し、年金を受
けるようになった。その間1860年エリザベート・シェルフ
と結婚して、2人の息子と3人の娘をもうけた。退職後、
写真館を開いていた。

　カッペンが写真館を経営していた！　ひょっとする
と、あの写真との接点がでてきたではないか。当時の写

真技術はいまのテレビに匹敵する新しい文明の機器であったので、退役したカッペンがビジネスの観点から写真館を開いたのは十分理解できる。まだ確信は持てないが、カッペンがあの写真を陸軍省で撮影したのであれば面白いと想像した。

　　レーマンも新式銃の使用方法を日本人に教授する人物を必要としていたので、カッペンの希望を入れて日本へ同行することになった。レーマンは会津藩の注文である銃と弾薬を運ぶために、1隻の汽船を傭船して海路5か月を要してカッペンと共に慶応4年の末に大阪に戻った。

　当時はまだスエズ運河は開通していなかったので、船はアフリカの喜望峰を回ってインド洋を経て、南シナ海を北上して日本へ来る海路だった。したがって船旅が半年近くかかるのも普通であった。しかし慶応4年年初に鳥羽伏見で幕府軍と薩長土軍との戦闘が始まると、わずか3日で将軍慶喜は江戸へ逃げ帰ってしまい、あっけなく徳川幕府は崩壊していた。その秋までには官軍に抵抗した奥羽連合軍の会津、仙台、荘内藩なども新式銃が間に合わずに降伏せざるを得なかった。レーマンが日本に着いた時には肝心の買主である会津藩も消滅していたの

である。

本来、レーマンとカッペンは困ったはずであるが、神が味方して和歌山藩がその銃を買い上げることになった。その経緯も詳しく重久教授は解説してくれていた。

　明治政府が樹立されてから和歌山藩第14代藩主徳川茂承は藩制改革の全権を津田出に委任した。明治元年7月に津田は藩の大参事に任命される。

翌2年2月、津田は洋式兵制をとることを決め、砲・騎・歩・工兵の4寮を設けて軍務局にこれを統率させた。10月には交代兵の名のもとに3か年服務の四民皆兵主義の徴兵制度を実施した。

すなわち、交代兵制度は3年ごとに新兵を交代させるもので、まず藩内の満20歳の者を調査し、明治3年春には各大隊長が各郡に出張して、最寄りの寺院において医者が該当者の身体検査を行うなど、後の徴兵検査のごとくであったといわれている。実に和歌山藩の交代兵制度はわが国の徴兵制度の嚆矢であった。それまでは士族以外は兵士に取り立てることはできずに、石高1万石につき60人の割合でしか徴兵できなかったが、士農工商皆兵主義により20歳から29歳までの男子に兵役を課した結果、紀州藩の石高55万石の兵士3,300人から動員可能の総兵員は14,000人に増加した。

ここにいま一人の重要人物が現れる。和歌山藩がその将来を託した津田出であった。後の明治政府の廃藩置県実施を成功に導く最大の功労者になる。明治政府がまがりなりにも短期間で政権を樹立できた理由は、廃藩置県と徴兵制を断行したことがその大きな要因であった。

　　薩長藩の横暴に対して第二の維新を計画野望するところのあった陸奥宗光と津田出は、まず和歌山の兵制整備の完全を期するために、先にオーストリアを破って兵威をあげた当時ヨーロッパの強国であるプロシャの兵式を採用することとした。ここにカッペン以下のドイツ人軍事教官が招聘されるに至ったのである。

　紀州藩士出身の陸奥宗光は明治初年から新政府に仕えており、廃藩置県の意見書を政府に提出するが薩長閥によって採用されなかった。そこで陸奥は下野して津田と共に、和歌山藩の兵制改革を独自に始める。結果として廃藩置県と徴兵制の事前訓練が政府より先に和歌山藩でおこなわれた。

　　ドイツ人カール・カッペン(Carl Koeppen 1833-1907)は明

治2年（1869）11月から和歌山藩のお雇い軍事教官として招聘されて、期間6か月、月給200ドルを支給される雇用契約を藩と結んだ。カッペンはキャリアを生かして、最初歩兵隊の銃器の訓練を指揮する。歩兵隊は各々600名の兵員からなる5個大隊があった。和歌山藩の兵備は他に馬で畳んだ銃砲を持つ砲兵隊2個中隊と150名からなる騎兵隊があり、さらに100名の工科隊をすでに装備していた。

なるほど、ここで会津藩の代わりに銃の売り先を探していたレーマンと、士官先を探していたカッペンが、ドイツ人の軍事教官を雇ってドイツ式兵制を導入したい和歌山藩の津田、陸奥の思惑とタイミングよく一致したわけだ。私なりに和歌山藩の当時の状況を理解してから、再度ジュリアスの伝記に戻った。この間のレーマンとカッペンの出会いの事情は、やはりジュリアスの伝記にも詳しく書かれていた。

1866年のプロシャとオーストリアの戦争後、和歌山の大名は自兵をプロシャの標準に従って訓練することにした。最初のドイツの武器は大阪のレーマン商会を通じて購入された。すぐに大量の注文を受けたレーマンは明治元年ドイツに帰り、ツンドネーデル銃をブュケルブルグにおいて購入したが、たまたまこの地において彼はカッペンに出会っ

た。カッペンは1866年の戦争でオーストリア側について敗戦し退役していた。その後ブュケルブルグはプロシャに併合されていた。

レーマンは和歌山の兵隊にツンドネーデル銃の操作を教えられる軍人を探していた。しかしカッペンはかって自国のオーストリアと敵国だったドイツ人の仕事をすべきかどうかを決めかねていたが、レーマンは長い時間をかけて、日本の軍隊での教官の身分を保証することでカッペンを納得させた。

レーマンはカッペンを自分の事務所に連れて帰り、同時に和歌山県人の陸奥宗光を紹介した。多少の問題はあったが、カッペンは採用されることになった。

カッペンはレーマンと一緒にドイツを出発した。レーマンはカッペンを和歌山藩の重役に紹介する時、オーストリア側の軍曹であったにもかかわらず、本物のプロシャの将校として紹介した。しかしカッペン自身が軍人のプロであったために、すぐに藩の重役の信任を彼は得た。

カッペンが日本に来て軍曹の身分にもかかわらず活躍できた理由は、当時は日本の侍から成る軍隊が国際的軍備基準からは大きく遅れていて、体力的にも虚弱である点だった。ジュリアスの伝記には士農工商の身分制度がカッペンの改革によって壊されていく様子が書かれてい

て興味深い。

　当時の日本軍は武士階級の子弟だけで構成されていたために、年寄りの兵士の中に小さな子供が混じっている状態だった。藩のお偉方にこんな兵隊ではとても敵と戦うことは不可能だと進言したが、彼らは若い男子を探す方法を見つけられないようだった。そこでカッペンは水田で働いている男たちを徴兵することを提言した。お偉方は驚いて、百姓は単なる労働者にしかすぎない、兵士は高貴でなければならない。その後、彼らは顔を突き合わせて、長時間会議をした後で、それでも兵士が緊急に必要だと述べた。その結果、水田にいた農民たちが一夜にして高貴な兵士に変身した。

またカッペンは他の点でもいくつかの改革を成功させた。当時の侍は皆丁髷を結っていた。自分らでは髪を結うことはできないので、2日に1度は髪結いに頼むのが常識であった。プロシャ兵は数秒で髪を整える、そんな悠長なことでは戦はできないとカッペンが説明すると、全員が自発的に髪を切った。大事をなすには小事から始まることが極東でも理解された。

　ジュリアス・ヘルムが伝記に書いたようにカッペンは間違いなく素人の若者をプロの職業戦士に変えた最適の

教師であった。彼は和歌山藩の兵隊を西洋式の軍隊に変革させるためには、何を最初にしなければいけないかを自分自身で明確に知っていた。それは自分を補佐するに足る副官を採用することであった。その白羽に立ったのが、プロシャ兵でオーストリア兵との実戦経験のあるジュリアス・ヘルムだった。背景として和歌山藩に工兵隊が存在したにもかかわらず、その部隊を指導できる隊長が誰もいなかったからである。

　明治3年（1870）7月ドイツ総領事フォン・ブラウンの推薦によってユリウス・ヘルムと弟のアドルフ・ヘルム(Adolf Edward Theodor Helm)が和歌山に来た。アドルフはニューヨークでそれなりの仕事を得て満足していたが、兄の要請で明治2年の暮れに来日したようである。兄のユリウスは工兵科教官、弟のアドルフは歩兵科教官兼カッペンの副官として赴任した。

軍制の整備・洋式練兵に際して、カッペンが改革の必要を感じたのは袴に草履履きという兵士の軍装の改革であった。そのため綿ネルの製造と軍靴や皮革製の兵用具の国産自給が計画されたのである。カッペンは、まず草履履きは長途の行軍に困難であるため、草履を洋靴に改めることを建言した。この目的のため陸奥宗光とカッペンの周旋によってプロシャから明治3年7月、製靴師ルボスキーおよび

ハイトケンペルの両人が招聘されて、和歌山商会所に西洋
靴製法の伝習所が創設された。

この当時の事情をカッペンの従卒だった後藤岩之丞が
往時を追想して語っていた。（昭和13年２月26日の談に
よる）

　　私はカッペンの馬の世話をしたものです。毎日カッペン
の家に通って、教練の始まる時と済んだ時と馬を出し入れ
しました。カッペンは真砂町の菅沼屋敷の長屋に住んで、
そこから毎日馬に乗って操練場に通ったものでした。彼は
毎日教練を見ることを日課としていましたが、時々士官ら
を集めて軍事のことを教えました。
カッペンは直接に兵卒に教えずに、彼から教えを受けた士
官がドイツ語を使って号令をかけ教練をしました。当時
「進め」は「マルス」、「止まれ」は「ハルト」と言い、
「イチ、ニ、サン、シ」は「アイス、ツイス、ダイス、ピ
ョ」と言いました。
カッペンのほかに、ドイツ人のヘルムが工兵教師として来
たが、カッペンと共に津田屋敷にいました。ヘルムの教練
をうけて工兵隊の成績はよくなり、藩兵が解散になって東
京へ行った工兵は、兵卒全部が下士官になりました。

和歌山で軍事教官になったジュリアス自身も伝記に詳細に書いている。

　　いま何も間違ったことはない。カッペンはとても優秀な訓練隊長であった。素晴らしい声の持ち主で、歯切れのよい日本語で命令を下していた。必要のある時はドイツ語でおぎなっていた。アドルフと私が和歌山に到着した時、彼の名声は誰にもよく知られていた。
私はすぐに最初の教官として指名された。弟のアドルフはカッペン軍曹付きの副官となった。その2日後、日本兵にドイツ式の長靴を作るために、なめし革職人のルボスキーと靴職人のハイトケンペルがドイツから到着した。

　　私は工兵の経験から最も役に立つ構造物を見せようと思った。必要な材料を自分で集めて軽い船橋を作り、それを分解して運ぶことである。選りすぐりの強い16名を選んだが、結果は散々だった。彼らは重労働の経験がなく、このような作業を楽しんではいなかった。幸運にも暫くしてから、100名の新兵を受け取ることができた。彼らは皆、若い農夫たちで数週間の訓練の後には、ドイツ式行進もできるようになり、船橋の種々の訓練をすることが楽しみになってきたようだ。船はまるで羽のように軽く滑り、すべてが順調であった。私はその他に6隻の船を岸で建造してい

たが、何の問題も起きなかった。

　ある日、和歌山城のお堀の近くにある造船所に出向いた。男たちをグループに分け、必要な道具を与えると、短い時間で船橋を造ったのは驚きだった。その後、批判がきた。橋はできたが、はたして使えるのか？
そこで私の命令で、全員で橋の上を行き来させたところ、批判者の驚きは止むことがなかった。
次の仕事は坑道のための木材を取得することだった。採掘場を造り、井戸を掘り、誰もが仕事に忙しく働き、少しもミスをすることが許されなかった。

　それから紀州藩主がカッペンにより多くの教官の採用と銃機4,000挺の撃針銃をドイツから購入するように命令した。第1大隊には新式の撃針銃が与えられていたが、他の４つの大隊にはなく、演習では銃を第1大隊から借りなくてはならなかった。私とアドルフはこの変則的な訓練方法に頭を悩ませた。しかし、数か月後にドイツの銃器がただ単に訓練のために選定されたのではないことが明確になった。

　カッペンがドイツに出発した直後に、すべての大名が東京に集められた。大名のそれぞれの軍隊にこれまでの給与

は支払われたが、何の式典もなしにすべて解散させられた。私たちヨーロッパ人はカッペンの帰りまで待つように指示された。

中央政府はこのクーデターを何回か試みようとしていたが、何らかの原因で延期されていた。なぜなら、大名たちが素直に従うかどうかという疑問があったからである。

私はジュリアスが書いた伝記を読み通しながら、急にある簡単な文章を発見して大きな衝撃を受けた。これだ、この記述が意味することがヘルムの写真が撮られた背景ではないかと、直感的に感じたのである。

私は自分の発見した記事に興奮して、すぐエミリーに電話をしていた。

「エミリー、もし暇だったら来て話を聞いてくれないか。写真が撮られた原因がわかったかもしれない。この写真はやはり本物のようだ。」

「いいわよ、ちょうど今日は家にいて午後の2時頃なら行けるわ。」

エミリーは私の早口に反してクールな声で答えた。短い電話が終わった後で、私は自分が気づいた大きな発見をエミリーにうまく理解してもらうために頭の中を整理

し始めた。

　陽射しは冬の午後にしては、珍しく夏の陽のように厳しく感じた。私はテラスの前に置かれたテーブルでお茶を飲みながら話をすることにした。屋外の大空の下の方が、何か真実味が伝わるような気がしたからであった。
この山の上の家からは相模湾が見下ろせる。50年間の東京ジャングルから抜け出そうと思って初めてこの場所に立った時、ここに家を建てようと衝動的に思った土地である。更地ではあったが、既に所有者がいた。まさか売ってくれるとは思わなかったが、不思議なことに難なく買うことができた。
子供の時から、もし家を建てたらこんな場所がいいなという具体的なイメージがあった。今はその光景と全く同じ景色が私の目の前に広がっていた。他人は一笑にふすかもしれないが、私のDNAに残っている前世の記憶が、先祖たちが住んでいたと思われる地中海を見下ろすような景色を再現していることを感じた。この世には理屈では片づけられない事象が起きることがある、多分西郷隆盛の写真も何かの縁で私のもとに現れたに違いない。

　エミリーはブルーのワンピースの上にグレイのセータ

ーを軽くまとって現れた。海の色とよくコーディネート
していた。

「今日は風もなくて、海もきれいね。」

　テラスから見下ろせる青い海を眺めて軽い感嘆の声を
あげた。

「きっと、夕日もきれいだわ。」

「残念だけど、ここからは日の出しか見えない、太陽は
あの山の向こうに沈むのでね。世の中、サンライズとサ
ンセットが同時に見える場所は、プリンセスの住むお城
だけだから。」

　私は軽いイギリス式のユーモアでエミリーを迎えた。

「たしかに、そうだわね。それで興奮して電話してきた
内容って？」

「そうそう、ジュリアスの伝記に、ヘルムが和歌山藩で
軍事教官をしていた時の出来事が書いてあった。英語の
原文のまままずこの文章を読んでみてくれる。」

> There is no doubt that Mr.Koeppen's absence, as well as the
> shortage of arms, and war material, had been important factors in
> that matter.

「カッペンがいない間に武器が足りないって、何があっ

たわけ？」

「そうだね、この文章だけではわからないと思うので、この重久教授の『お雇い外国人』に書かれた本のこの部分を読んで聞かせるからね。和歌山藩砲兵隊の大隊長であった岡本柳之助が大正元年にこう述べている。」

　軍備の整然たる紀州藩兵の名声は諸藩を驚かし、近隣各藩より伝習生を送り、又見学に来るものが著しく、その中でも明治3年に第1に参観に来たのが薩摩の西郷従道であり、つづいて大阪から長州の兵部大丞山田顕義が来て軍隊訓練の実際につき視察して帰り、更に同年冬には薩摩の村田新八が隆盛の意を受けて参観に来た。
　また明治3年の10月にはアメリカ公使デロングとイギリス公使パークスが相次いで藩兵練兵の実況を見に来た。翌4年2月にはプロシャのフォン・ブラウン公使が同じ目的を以ってドイツ軍艦ヘルダ号に便乗して和歌山に来着して、1週間にわたって視察した。

「どういう意味かしら、よくわからないわ。」
「つまりジュリアスが明治3年から4年の間に和歌山藩に軍事教官として雇われている間に、上司のカッペンというドイツ人将校が農民を徴兵して、日本一の精鋭部隊

を作ったので、薩摩や長州藩はもちろん、外国の高官たちも和歌山へ見学に来たということなのだよ。」

「そういうことなの、西郷従道って、あの写真に写っていた人でしょう。」

「そう、まず集合写真の日本人７人の内、隆盛の弟の従道が和歌山藩を訪問しているので、ジュリアスとは写真を撮る前から面識があったということが言える。それと隆盛の腹心だった村田新八も和歌山に来ていたということだから、隆盛にもドイツ教官たちの仕事ぶりは伝わっていたと思う。」

「なるほどね。」

「カッペンはわずか一年ぐらいの間に、ドイツ式に教練された５千人もの強兵を作りあげたんだ。他の県では徴兵がうまくいかなくて困っている状態だったので、日本中の話題になったわけだ。」

　私はエミリーに用意したコーヒーを一緒に飲みながら、

「でも、ある日突然にドイツのお雇い教官全員が首になってしまった。」

「どうして？」

「明治４年の７月14日に廃藩置県が突然実施されたから

だ。」

「はいはんちけん？　アメリカでは習わなかったから。」

　エミリーが目をクルッとさせてジョークを発した。

「明治になっても、それまでの徳川時代と変わらずに大名の治める藩が300以上も存続していて、各藩が独自の兵隊を持っていた。だから明治政府ができても、天皇自身は軍隊を持てずにいた。これでは各地に反乱が起きたり、外国から侵略を受けた時に日本を守れないと、隆盛が中心になって、わずか一日で各藩の兵士全員を日本国の兵士に変更する命令を出したわけさ。つまり新政府による大名に対するクーデターかな。」

「それで」

「その廃藩置県実行の日、カッペンは4,000挺の銃と教官を探しにちょうどドイツへ帰っていて不在だった。さっきの英文はわざとこの時を狙って、政府が和歌山藩の藩兵を首にしたという話なのだ。」

「それは大混乱になったでしょうね。」

「正直、和歌山藩ではカッペン以下多くのドイツ教官との雇用契約がまだ残っていたので、多額の破約金を払って解約しなければならなくなった。当然明治政府内部でも大きな外交問題になった。カッペンには未払いの給与

4,800ドルとドイツへの帰国旅費代として600ドルが支払われた。月給は200円を払っていたという和歌山藩と大蔵省の間で交わされた文書が残っている。ただジュリアスやアドルフの名前はもうこの解約書には記載されていなかったから、すでに和解金をもらっていたのだろう。」

「当時の1ドルって、今でいうと、どのくらいの金額だったのでしょうね？」

「難しいけど、当時は1ドルが1円の時代だから、米1石が5円で、大工の1日の賃金が50銭くらいだったというので、まあ現在の貨幣価値に換算すれば1ドル5万円ぐらいになるかな。」

「5,000ドルって相当な金額ね。」

「2億5千万円にもなるのかな。明治10年ごろでも一般兵士の給料は2～3円だったそうだから、カッペンの給料200円がいかに破格かわかるよね。

　だからカッペンが故郷に帰った時には金持ちになっていて、豪華な家と別荘を買って、外出時には4頭立ての馬車に乗っていたそうだ。でも実際は、重久教授によれば破約金はもっと大きくて、カッペンがドイツから新しい教官6名をリクルートしてきた、その補償金を入れると総額で37,000ドル以上になったそうだ。東京のドイツ大使館にはその公文書が保管されている。」

「それって、20億円近くにもなるんじゃない！」
「日本に来て、すぐに帰されたドイツ人たちは何もしないで、宝くじに当たったようなものだよ。」
　私は苦笑いするしかなかった。メージャーリーグの野球選手の年俸に例えれば理解できるような気がした。それだけの解約金が動いた理由は和歌山藩兵が強兵精鋭だったからなのだろう。

　資料によると1872年（明治５）４月17日付け横浜発、日本駐在代理公使フォン・ブラントから宰相フォン・ビスマルク侯爵に宛てた報告書には、和歌山藩雇い入れドイツ人教官の雇用契約のために、それを周旋したドイツ本国の高官８名に対して、明治天皇から日本刀一振りずつが贈与されたことが記されている。それらの人名は宰相ビスマルク侯爵、陸軍大臣ローン侯爵、陸軍中将トレスコウ、陸軍少将シュティーレ、軍医監グリム博士という、そうそうたるドイツ帝国の政府高官たちだった。
なお日本側の資料には明治５年３月４日付けの外務省から天皇の事務方だった岩倉具綱宛ての書簡が残されている。

　　旧和歌山藩に於いてドイツ兵学教師雇入れのところ、国

内兵制一定の規則により破約の償金と銃砲機械類を横浜港へ送り、その買い上げ代金は25万ドルになる。またこの事件につきビスマルク侯爵と周旋した者に200両以上の太刀を一振り挨拶として送る事に決した。いろいろと行き違いがあり、多額の出費を嘆息する次第なり。

　しかしカッペンにとってみれば、精魂かけて教練した5個大隊5千人の精兵を育て、それからドイツへ戻って6名のドイツ人将校を連れて、最新のツンドネーデル銃を4千挺も購入して意気揚々と日本に帰ってくるなり、突然の契約解除の話はまさに晴天の霹靂ともいう大ショックだったに違いない。カッペンの大きな夢が壊された苦衷と失意がよくわかる気がした。

「ジュリアスの伝記にも、この事件についてやはり興味深いことが書かれている。」
「なんて？」
　私はエミリーがよく理解できるように日本語でなく、英文の伝記を示した。

　　Upon Mr.Koeppen's final return, I showed him in a melancholy mood the pits and the wells, also the place where I had built the first bridge, and then Adolph and I packed our bundles and returned to Yokohama.

カッペンがようやく帰国した時、私は憂鬱な気持ちで最初に造った架橋と、それから塹壕と井戸を彼に見せた。そして私とアドルフは荷物をまとめて、横浜に戻った。

Mr.Koeppen had a good many things to settle. The war material was taken over by the Tokyo government. It was also intended to take over the eight officers, amongst whom was one colonel, but these gentlemen could not come to terms. Mr.Koeppen insisted that the Wakayama agreement, which was still in force for several years should be settled by paying the full amount, and a new agreement be made by the government.

しかし、カッペンは解約交渉に有利な条件をたくさん持っていた。武器は東京政府が引き取ってくれた。引継ぎ業務は東京政府の8人の将校が担当して、その内の一人は大佐であった。しかしこれらの将校とは諸条件で合意できなかった。カッペンは和歌山藩との雇用契約期間がまだ数年間残っているので、その全残額を支払うように新しい政府との再契約を主張した。

The opposition party, however, wanted to work off the Wakayama agreement in Tokyo, and afterwards the best plans for the future should be considered. Finally all the gentlemen were paid, and returned to Germany. Our Major also returned home, and Adolf started a private school. I bought curios with which I intended to do business between Japan and Germany. I sailed via Marseilles to Paris, and then went to Stettin.

　東京において、和歌山での契約続行に反対した日本将校たちは解約を主張した。結局、ドイツ人の教官全員が契約満了までの支払いを受けて、ドイツへ戻ることで妥協した。カッペン少佐も帰国した。そしてアドルフは私学の塾を始めた。私はドイツで商売をするために日本の骨董品を買って、マルセーユ経由でパリに行くことにした。それから生まれ故郷のシュテッティンにも行った。

　私はエミリーが伝記を読んでいる間に、この8人の将校は誰だったのか、特に大佐とは誰のことなのだろう。第5のチェックポイントだと感じた。多分廃藩置県引継ぎ業務のリーダーだった可能性が高いし、ひょっとするとこの集合写真の日本人将校たちだったのではないかという予感だった。それならば隆盛以下の7人が引継ぎ業務を担当した理由で、この集合写真を撮ったかもしれな

い。

「和歌山藩兵の引継ぎの政府担当者がこの集合写真のメンバーだったと考えれば、ジュリアス・ヘルムがここに一緒に写っているのか納得がいく。そうするとこの写真の背景にはかなり大きな歴史的事実が隠されているかもしれない。」

「そう言われてみれば、この写真のみんなは楽しそうな顔をしていないわ。」

エミリーの指摘は確かに鋭かった。まだ解約問題が解決する前の集合写真だったかもしれない。そうすると写真が撮られたのは明治７年よりさかのぼることになる。それと和歌山藩の実質的な統率者であった陸奥と津田の名前が伝記から見つからないことにも、何か秘密があるように思えた。

「それと伝記には記述されていないけど、ジュリアスが監督していた工兵部隊の解散業務について重久教授が興味深いことを書いている。

　　ユリウスによって訓練された工兵隊人員は約200名であったのが、さらに明治４年11月の廃藩による藩兵解散直前の工兵部隊の人員は、兵部省へ開申した報告によると、工

兵一連隊は隊長始め総人員503人となった。しかもユリウスの訓練をうけた工兵隊のうちで、東京鎮台に移された兵卒はことごとく工兵下士官に任用されたと言われている。それは彼が工兵将校として、和歌山城外の河流に軍橋を架したり、地雷を埋設し、坑道を穿つ方法を教授したことが評価されたものと思われる。

　この文章で大事なことは上官のカッペンが不在の間に、ジュリアスが自分の工兵部隊だけはうまく政府に引き渡しを終えていることだ。この処置がカッペンの合意を得て、なされたかどうかは興味があるね。カッペンは帰国後、ドイツ教官の解雇に関する新しい契約を結ぶまで紆余曲折があったはずだからね。それに政府との解約文書にジュリアスとアドルフの名前がないことは、カッペンが帰国する前にすでに二人の和解はなされていたように思える。」
「多分カッペンはジュリアスに対して不信感を持ったわね。」
「僕もそう思う。一応、ヘルム兄弟の方の背景はわかったので、これからは写真に出てくる日本人将校について調べてみるよ。」

こうしてエミリーとのアフタヌーンティーは終わった。エミリーが帰ってから、ジュリアスの伝記にさらに意味深な事が書いてあることを話し忘れていたことを思い出した。ジュリアスは明治4年の暮れに和歌山から横浜へ戻ってきて、ドイツ国との輸出入の仕事をしていたが、その事業がうまくいかないと気がついて、そのビジネスから手を引いたと書いている。その最後のわずか1行に妙に気になるフレイズが入っているのだ。

But I was no more a green horn in this country, I knew what I had to look out for, and had enough experience to judge conditions.

しかし、私はもはやこの国では青二才でなかった。私は何に注意しなければいけないのかを判っていた。そしてその条件を判断する充分な経験も持ち合わせていた。

最初、私は外国人が日本で商売をうまくやるためには政治的なつながりが必要だという意味に解釈した。しかし、よく考えるとこの文章の意味はやはり政治的な関わり合いによっては、身に危険が及ぶ恐れがあったと考えた方が正しいようだ。この文章は和歌山藩時代のことを

言外に示唆しているのではなかろうか。なぜならジュリアス自身が伝記で廃藩置県の実施により、もたらされる封建制度の急激な崩壊による政治的な危険性を指摘していた。

　　1871年（明治4）の夏において、明治天皇はまだ3年のわずかな期間しかその地位を保っておらず、御自身の近衛兵も2〜3千人に過ぎなかった。まだ藩主が比較的強い軍隊を持っており、特にカッペンが7月に4千挺以上の撃針銃（ツンドネーデル銃）の購入と6名の軍事教官を連れにドイツ国へ出発したニュースは和歌山藩が強藩であることをイメージさせた。
　明治天皇はその年の8月29日（新暦）、全国300人の藩主への辞職と各々の軍隊の解散を即日命じた。政府高官たちは各藩主の政府に対する忠誠心に疑心を持ち、クーデターの恐れを抱いていたので、特に和歌山藩が武器を補充する前に軍隊の解散を目論んだ。

　とジュリアスは書いている。多分、この恐れは他の文献から見ても事実だったと思われる。国外でも日本が近代的なドイツ式軍隊を創設し始めたことが喧伝されていた。

1871年7月21日づけのドイツ新聞（National Zeitung）
は、

> 日本に近代的な軍事力を植え付けることは疑問だが、ド
> イツ人の教官たちが和歌山藩の兵隊を名実ともに助成する
> ことは軍事強化の抑止力による平和につながる。

と結語している。今日の歴史学者は明治政府にとって和
歌山藩が真の脅威にはなっていなかったと述べている
が、ジュリアスは異なる意見を持っていたようだ。つま
り、津田と陸奥が和歌山藩兵の解散に不満を抱けば、明
治政府に対してクーデターを起こすかもしれない。だか
らジュリアスは後事を恐れて、敢えて津田と陸奥の名前
を伝記に記載しなかったのではないだろうか？

　その後、3千人の和歌山藩の家臣が別れの儀式を迎えて
城に集まった。すべての障子と襖が取り除かれた大広間に
集合した。それぞれ彩りの違う裃を着けて、侍たちは何世
紀にもわたる先祖以来の奉公に感謝した。多くの侍は涙を
止めることができないでいた。これまでの身分と生活の糧
を失って浪人になる悔しさからであったかもしれない。藩
主の名前入りの扇子が最後の引き出物であった。

と詳細に別れの様子をジュリアスは書いている。

この政府による急な廃藩置県の断行は、正直和歌山藩の密やかな野望を阻止するものであったことは一面間違いない。重久教授によれば藩大参事の津田出が陸奥宗光らと相図って、もっぱら和歌山藩制改革の事にあたり、四方から人材を募り、かつ兵制改革のためプロシャ軍人を招聘したことは秘かに紀州藩の実力を養って、将来薩長藩の専横に対して別に計画するところがあったと考えられている。この兵隊があれば薩長の兵隊などは、何人でもないと津田はよく豪語していたという。

　元カッペンの従卒だった後藤岩之丞の津田に関する昭和13年2月26日の談話が、「お雇い外国人」の本に記載されていた。

　　和歌山の軍隊には7大隊があり、1万4千人の兵隊がいました。なぜ津田さんが、こんなにドイツ人の教師を連れて来て練兵をやったかというと、和歌山藩は年々交代兵を増やしていって、3年たったら軍隊を大阪へ繰り出して行き、薩長土に手向かって徳川の世にもう一度戻したいためだと聞いていました。

また後年、陸奥宗光の談として、

　一人のドイツ下士官を和歌山城下に招待したところ、た
またま国自慢の話として徴兵制度があることを聞いた。プ
ロシャはその強兵無双を誇っており、されば我が紀州藩を
あげて、ことごとく皆ドイツ式の兵隊に訓練せんと思い立
ち、よく実施すれば紀州藩10万の兵を出すこともあえて難
しくはない。
　薩長、何者ぞ、また敢えて恐れるには足りない。

　カッペンがこの陸奥や津田の野望を聞いて、寝食を忘
れて教練に努めたことも嘘ではないと私には思えた。
また1870年（明治3）11月23日付けの兵庫新聞の記事に
は、

　英国公使パークスは紀州に入って、当地においてもっぱ
ら行われている兵事を見学した。ドイツ教官カッペンの目
的とする所は紀州1国をドイツ国の縮図にしようとすると
ころで、いまは成功している。それが紀州人の為に益する
か否かは論じない。その兵が練兵であることは見る人は皆
感じる所である。軍兵は皆青色で模様された黒色の服を着
て、いま天下に名高いドイツの撃針銃であるツンドネーデ

ル銃を所持しており、これまで見たどの日本人兵卒よりも軍人らしい体格をしている。紀州においてはドイツのごとく上より下まで、何の職にもよらず数年の間兵隊に入隊する。

　ドイツ総領事のブラントは明治4年（1871）2月に、ドイツ軍艦ヘルタで和歌山の和歌浦湾に上陸して一週間の間、和歌山藩の軍隊を視察して両軍の友好をはかっている。そして和歌山城では津田と数時間の談話も交わしていた。その時のヘルタ号の一士官による和歌山藩の軍隊についての詳細な報告が本国ドイツに下記のようになされている。

　　紀州藩公は江戸幕府と殆ど独立した関係にあり、彼は自分の軍隊を欧州風に装備しようと決心した。この目的のもとに、彼は数千挺のツンドネーデル銃を購入すると共に、その用法を部下に伝授すべき適当な人物の派遣を要求してきた。
　　そこで一人のドイツ人雇教師カッペンが派遣されて、日本の調練に当たることになった。我々が日本を訪問したのは、この雇教師が調練を始めてから1年と4か月経ている時であった。

横浜駐在の我が代理公使は軍艦ヘルタに搭乗し、日本の軍隊見学に出向いた。このとき我々は心中定めし日本人の大多数がこの新武器の使用に四苦八苦しているだろうと想像していたが、その結果はまことに意外であった。我々はまず閲兵式に招待されて、大きな練兵場に騎乗で出かけた。そこには各隊600人より成る４個大隊の兵が２列に並んでいた。

彼らはドイツの規則通りに演習を行い、その操作は見事なできばえであった。彼らは複雑な縦隊のもとに、正確に散会したり、集合したり種々変化に富んだ調練を行ったが、各隊を通じて不出来だと思われたのはただの一回だけであった。

　我々はまず弾薬製造所を見学した。そこではツンドネーデル銃に装填する弾薬がドイツにおけると同様の方法で、日本人の手により製造されていた。この製造所は性能の優れた弾薬日産１万発の製造能力を持っていた。

次に２～３の兵営を視察した。各室は我が国のそれと全く同じ風に作ってあって、我々が室に入るや否や全員起立して不動の姿勢をとり、少尉は型通りの敬礼をおこなった。日本人は通常畳の上に寝るにも拘わらず、兵舎においては寝台の上に寝て、椅子に掛けねばならない。それに紀州藩では初めて兵隊に牛肉を食わせた。そして草履の代わりに

我々と同様に靴を履いている。彼らの奇妙な髪は廃止されて軍隊風に刈られていた。

兵学寮の見学では、約60人の少尉が教育を受けていて、指揮官の名は岡本少佐と言った。我々が彼に平易なドイツ語で話しかけると、彼は殆どそのすべてを理解することができた。講義はすべての士官が聴講し、大きな講義室は300名の聴講者を収容する施設になっていた。

また兵役の義務制と3年間の服役期間制が採用されている。そうして現在ここに8個大隊の兵隊がいる。この他150人から成る騎兵隊があって、別に山砲隊2個中隊があり、山砲は分解して馬に付け運搬するようになっている。また同時に工兵隊も設けられていた。

これらの改革に当たったドイツ人当事者は藩公から月々充分の報酬をもらい、かつ彼らが日本を去る時には十二分の報酬を藩公からもらうように約束されていた。

　文中の岡本少佐とは岡本柳之助のことで、当時和歌山藩の砲兵連隊長を務めていた。廃藩置県後に上京して東京鎮台砲兵隊の創設に参加して、明治7年には砲兵大尉となっている。

この和歌山藩の戦力は当時の薩長藩の軍部には大きな脅威となっていたことは間違いない。西郷隆盛が廃藩置県実施の際に、天皇の御親兵として動員できた兵隊は最強

の薩摩藩からでも3,000人でしかなかった。したがって参議であった西郷や木戸が廃藩置県を即断した大きな原因の一つに、和歌山藩における強大な軍隊の解散が念頭にあったことは間違いないと思われる。

　もう一つの資料は1872年（明治5）7月号のドイツ新聞で、

　　　各600人の兵員からなる4個大隊の隊伍が一糸乱れない
　　プロシャ式の軍事調練の成果を見て、総領事のフォン・ブ
　　ラントがビスマーク宰相にその事を報告した。その結果、
　　ビスマークはカッペンの功績を認めて、特旨をもって彼を
　　陸軍少尉に進級させるように取りはからった。

と記載している。しかしすでに時遅しで、解雇されたカッペンにとっては屈辱の昇進でしかなかったに違いない。国に帰ってからも失意からか酒を多飲するようになり、酒宴が続き、ついには没落することになった。晩年は不遇のうちにドイツのノイミュンスター（Neumunster）で1907年（明治40）に74歳で没した。カッペンの帰国をもっとも悲しんだのはやはり津田出のようであった。3年間の労苦を共にしたカッペンに対し

て、津田は次のような長文の惜別の辞を贈っている。

　旧和歌山藩の兵制、貴国に習い、すこぶる盛大になり、西洋人は藩を称して新プロシャと言うに至れり、私がこれを総督するといえども、その実はドイツ教師カッペンに従う者多し、この秋、政府は大いに国体を改め、藩を廃して県となせり、これにおいて諸藩の兵、あげてこれを解除す、軍部はすなわちフランスを師とす、カッペンのごときはその用いる所にあらざるなり、しかしながら兵制導入のことは最も急務の用にして、もとより吾輩も誰も喜ぶべきところである、カッペンとともに三年、精神の一致する所一朝にして散ず、ああ嘆息せざるを得ない、ドイツに帰るにあたり、詩を贈って別情を告ぐ。

　山風吹いて習々たり　桜花乱れて塗にまかす、花飛んで春寂莫たり、君子また何をか楽しまん　君子帰する所あり　嗚呼我ひとり無し。

　このカッペンに対する深い津田の惜別の情からみて、明治政府が廃藩置県後にフランスの軍制を取り入れて、カッペンを首にしたことに津田は大きな不満を抱いたことは違いない。

3　ジュリアスのポートレート

　私は次にジュリアスの写真の中の日本人について調べてみることにした。

最も特徴的なのは、西郷家の人物が隆盛を含めて4人も占めているということだ。明治時代はどの家も大家族主義であったから、特に西郷家だけが兄弟、親戚が多いという訳ではないが、隆盛こと吉之助は父、吉兵衛の長男として生を受けたが、次男吉二郎は戊辰戦争中に越後で戦死、三男信吾は鳥羽伏見の戦いで重症を負う。四男小兵衛は西南戦争で隆盛と共に戦死した。この家族の履歴からみると真の軍人家族といえる。最後まで人生を全うできたのは信吾こと三男の従道だけであった。そして五女のお安が、大山巌の兄である大山彦八に嫁している。川村与十郎こと純義は隆盛の母、満佐子の姉が叔母になる。つまりこれらの履歴から写真の登場人物である西郷隆盛、西郷従道、大山巌、川村純義は全員西郷ファミリーであった。

　このファミリーの中で、まず西林先生が専門家からネガティブな指摘を受けた大山巌が明治7年には外遊して

いて日本にいなかったことから、その真相を究明することにした。

大山は73歳まで長く存命したために、本人の日記を始め確かな資料は多くある。日記によれば、明治4年の廃藩置県は事前にはかなり不安視をされたが、結果として大きな混乱がなく成功裡に終えた結果、大山はその年の7月28日に陸軍大佐に昇進している。引継業務で一人の大佐がいたというジュリアスの伝記の記述に大山が果たして合致するのか興味深い点である。

　明治5年（1872年）11月12日から明治7年の夏まで、大山はパリを中心にヨーロッパ各地で留学を続けている。大山がなぜ留学先をイギリスやドイツなどではなくフランスにしたかの理由が彼の人格をよく表している。平時においては、美酒、美食、美装を好み、当然のごとく女子は美人を選んだ。後日、大山が再婚相手に選んだ山川捨松が奇遇にもヨーロッパへ渡航する同じ日に、横浜からアメリカ行きの亜米利加号に乗船していた。その時わずか11歳の捨松は日本最初の女子留学生の一人であった。

　また大山が他の軍人と異なるエピソードは国歌である君が代の歌詩を明治2年に選定したことにある。彼は子

供の頃から歌い慣れていた薩摩琵琶の「蓬莱山」の一節にある君が代を推奨した。その詩にイギリス軍楽隊長のジョン・フェトンが曲をつけたのが、日本国歌の始まりといわれている。

　明治7年の夏、パリに滞在していた大山は、岩倉具視からの手紙で義兄の隆盛が征韓論争を不満として鹿児島に戻ったままであることを知った。岩倉は隆盛を再度上京、入閣させる使者として、大山に帰国することを命じてきたのである。緊急事態を知った大山は10月3日に横浜に戻るやいなや、その2日後には鹿児島へ向かった。その後11月12日に東京へ戻ると、12月18日に陸軍少将兼陸軍少輔の辞令を受けた。

　したがって大山の日記によれば、明治7年は日本に通年で不在ではなかったが、撮影可能な時期は帰国後のわずかな時間でしかない。鹿児島を訪問した大山が隆盛から何か重要なメッセージを受け取った可能性はあるが、隆盛と一緒に上京した記録は皆無である。まして西郷大将と写真を撮ることがあれば、間違いなく日記には書かれてあるはずである。しかし、よく考えてみれば大山の日記によって逆に主人公である隆盛が明治7年には上京していない状況証拠になってしまっている。

そんな時に西林先生から写真の大山巌は巌ではなく、大山綱良であると学者から指摘されていたことを思い出した。大山綱良は廃藩置県後の明治4年11月から鹿児島県令（県知事）に任命されていた人物である。しかし鹿児島の私学校反徒を応援したということで、明治10年西南戦争後に反逆罪で斬首された。

　私は集合写真の大山が綱良だったという仮説には反対した。はっきりとした肖像写真は残っていないので、残念ながら集合写真と比べることはできないが、問題点は1874年の明治7年当時、彼が最年長になる1825年生まれの50歳だったということである。巌は1842年まれであるから、綱良とは17歳も年少になり、それにしては写真が綱良とすれば50歳にしては若すぎるように思える。それに綱良は維新時に寺田屋騒動や奥羽の戊辰戦争で活躍しており、身体も長大で肥満体と言われていることを考えると、写真の巌は少し小柄すぎるようである。

　私はここまでたどってきて、撮影時期と人物の所在不一致に遭遇してアリバイの壁に入り込んだ。しかし、この写真が実在する事実は消せないから、撮影された時期が違うか、人物たちが別人かという仮説を立てざるを得なくなった。もし撮影時期が違うとすると、写真の年代

がなぜ誤記されたのかという理由も探さなければならない。

私は結論を急ぐことを止めることにした。この矛盾が解けていれば、この写真はもっと早く隆盛の全盛時の写真として、世間の脚光を浴びていたに違いないからだ。

そんな時にエミリーからのメールに「I found Helm's family from Meiji Portraits, might be interesting for your writing」のメッセージが残されていた。早速インターネットで検索するとドイツ語と英語の兼用で「明治人物お雇い外国人」という膨大なデータベースのサイトが見つかった。明治の初期に日本に来た多くの外国人の戸籍、手紙、墓、肖像、家族写真などが詳細に掲載、記述されていた。

ジュリアス・ヘルムのファミリーからは10名ものコラムがあった。ジュリアスの家族の多くが現在、母国ドイツを離れてアメリカや日本で活躍しているのが読み取れた。私はこの際、ヘルム家の家系図を作るつもりで、英文のポートレートの記述を日本語に訳してみることにした。ジュリアス本人のみならず、彼のファミリーをよりよく知ることで写真の秘密に迫ることができるような気がしたからである。

ジュリアス・ヘルムのポートレートによると、

Johann Theodor Julius Helm（1800—1864）と Caroline
Charlotte Sophie Helm（1819-1906）が結婚　9人の子供が
生まれる

1．　Julius Friedrich Wilhelm（1840—1922）と Hiro
　　Komiya（1854—1904）が結婚　8人の子供が生まれ
　　る

1．1 Caroline　（1875—

1．2 Marie Agnes　（1877—

1．3 Carl Julius Gustav Adolf　（1879—1933）

1．4 James Theodor　（1883—1959）

1．5 Julius Felix Heinrich　（1887—1956）

1．6 Elizabeth Alice Clara　（1889—

1．7 Wilhelm Karl Friedrich　（1891—1951）

1．8 Louisa Marie Anna　（1894—

兄弟

2．Gustav Karl Theodor　（1841—

3．Adolf Eduard Theodor　（1843—1889）

4．Charlotte Sophie Caroline　（1845—

5．Theodor Karl Wilhelm　（1847—1910）

6．Karl Johannes Hugo　（1849—

7．Anna Elizabeth Caroline　（1851—1934）

8．Wilhelm Karl August　（1853—

9．Paul Richard August　（1855—

　ジュリアス・ヘルムはヨハン・ユリウスとカロライン・ユリウスの長男として1840年に生まれ、ロゾオウ村で成長した。1861年間から1863年の間軍役に従事、1864年に父が死んだので、農園を売却する。1866年にプロシャとオーストリアの戦争にシュテッティン町から参軍する。

1868年に弟のアドルフと共にアメリカへ移民する。ジュリアスはニューヨークから日本へ行き、1869年（明治2）横浜の雑貨店に勤める。アドルフを日本に呼び、その年の暮れに到着する。

1870年（明治3）にプロシャの総領事マックス・ブラウンから和歌山藩で先任のカール・カッペンの軍事教練の手伝いを頼まれる。その年の5月13日の船で神戸を経由して、弟アドルフと一緒に和歌山へ向かう。しかし、1871年（明治4）7月14日の突然の廃藩置県により軍事教官を解雇される。暮れに横浜へ戻る。

　その後、和歌山藩の関係でドイツとの輸出入のビジネスを始め、1872年（明治5年）ヨーロッパに渡航する。しかし新事業は失敗して、横浜へ戻ったジュリアスは1874-1875年（明治7-8）に乙仲の会社に勤務する。1876-1877年（明治9-10）の間は運輸会社に勤める。1877年の間日本政府のアドバイザーとして乳業会社のコンサルタントをする。1879年（明治12）その運輸会社を買収して、1882年（明治15）に個人会社 J-Helm&W.H.Smithを設立する。1885年（明治18）その会社を売却して、アメリカのバージニアにある農園を1887年（明治20）に買収して、ニューヨークにいた次弟のグスタフに任せる。1888年（明治21）ジュリアスは横浜へ戻る。その後1899年（明治32）イギリスの会社としてヘルム兄弟株式会社（Helm Bros.Ltd）を上場させ所有する。

1914年（大正3）ジュリアスは42年ぶりに和歌山を訪
問する。しかし当時を知る人は誰もいず、面影もなかっ
た。第一次大戦が始まり、イギリス政府の圧力によりド
イツへ1915年（大正4）に戻る。

1921年（大正10）ジュリアスはドイツから一人で日本に
帰ってくる。そして翌年1922年（大正11）横浜で死ぬ。
日本にいる間にジュリアスは1875年（明治8）に日本人
小宮ヒロと結婚して、8人の子供を持つ。ヒロが1904年
（明治37）に死んだ後、1906年（明治39）にドイツ人と
再婚する。ジュリアスが横浜で死んだ後で、後妻がジュ
リアスをドイツのレックニッツ村の母の墓の隣に埋葬す
る。

　ジュリアス82年の人生の履歴をたどると誠に波乱万丈
の人生で感動的である。直情径行な性格そのままに、思
いのままに生きてきたことがわかる。長男として生まれ
たために学校にも行けず、弟妹の面倒をみるために14歳
から働き続けた。一攫千金の夢を求めたアメリカでの生
活を諦めて、向こう見ずに幕末の日本に来て横浜で働き
始める。そして生活習慣の違う日本人の妻をめとって8
人の子供たちを立派に養育して、多数の事業を手掛け成
功させた一人のドイツ人というより、日本人になりきっ

たジュリアスの姿に私は敬服した。

　特に第一次大戦が始まりドイツが日本と敵国になってしまって、ジュリアスは母国ドイツへ戻らざるを得なくなる。そのためか、帰国する前年に和歌山市を半世紀ぶりに訪問している。そのジュリアスの姿に陸軍省での集合写真を後生大事にキープしてきた思いがひしひしと伝わってきた。ジュリアスにとって和歌山での日本人兵との訓練の日々は忘れられない青春の一コマだったに違いないのだ。

　ジュリアスが伝記にこの情景を感慨深く書いている。

　　私は42年ぶりに和歌山を訪問して、桑田碧海その変わり果てた有様に驚いた。当時の遺物といえば和歌山城の天守閣の他には何の跡形も認められなかった。当時懇意にした人々もことごとく死に絶え、ただ一人生き残った旧藩の老人に会ってみたが、一向にこれといった記憶を持っていなかった。
　　また当時教官首席だったカッペンもとっくにこの世を去って、日本人教官の北畠道龍もよほど昔に亡くなり、紀州藩御用商人レーマンは前年東京で病死し、鞣革師のルポスキー、靴職人のハイトケンペルも相次いで身罷り、いま生存

しているのはただ自分一人である。

　いま私はジュリアスの和歌山訪問の記録を知って、陸軍省での集合写真は真正で、彼にとっては最も誇れる写真だったことを確信した。ジュリアスが述べている日本人教官の北畠道龍について、彼の生涯を少したどってみたい。幼少より仏学を修めて、和歌浦法福寺の住職であったが、文武両道を怠らずにいて、長州征伐で軍功をたてる。津田出により士籍の連隊長に取り立てられて、全国で最初に徴兵検査を行った。明治4年の廃藩置県後、職を辞して京都でドイツ学を学ぶ。明治10年の西南戦争時には陸奥宗光と提携して政府転覆を企謀したほどの豪僧であった。その後、海外を巡って仏教の宗教改革を積極的におこない、明治40年、大阪（80歳）で没している。ジュリアスが名前をあげて覚えていた北畠だけに、彼の印象はよほど強烈だったに違いない。

　ジュリアス・ヘルムには弟が何人かいるが、一番信頼して仲が良かったのがアドルフ(Adolf Eduard Theodor)のようである。伝記によれば故郷のロゾオウ村から兄ジュリアスと1868年にアメリカへ渡ったのも一緒であるし、その後アドルフはニューヨークで成功していたにもかか

わらず、兄が日本に来いと言えばすぐに店をたたんで、横浜へ1869年（明治2）の暮れに来ている。アドルフは兄に従順で、ある意味では家長のジュリアスを敬愛していたに違いない。

翌明治3年（1870）からアドルフは和歌山藩の軍事教官をジュリアスと一緒に務めた後、1871年（明治4）の末に辞めて横浜へ戻った。その後アドルフはドイツ語の私塾を開く。そして1873年（明治6）1月から本郷にある進文社にドイツ語教師として勤めた。8月からは開成学校の教師になり、アドルフは兄のジュリアスとは違って日本語にも流暢に通じるようになっていたと思われ、皇族の子弟にもドイツ語を教えている。

その結果、光栄にも明治天皇から一振りの日本刀を贈られている。参議木戸孝允が1875年（明治8）12月12日の伝記にヘルムというドイツ人に会ったと、レスリー・ヘルムの著書には叔父から聞いた話として記述されている。これはアドルフのことだと思われる。アドルフは東京外国語大学の教師を務めた後、1882年（明治15）にドイツへ戻っている。1889年（明治22）8月16日に故郷シュテッティンで没する。

この事実から考えられることは、ジュリアス兄弟は当

時明治政府に対してもかなり影響力を行使できる立場にいたと思われる。ひょっとするとアドルフも記念写真の撮影日には兄のジュリアスと一緒に陸軍省へ行っていた可能性が高い。そうするとアドルフの写っている写真もあったのではないか。

　あと忘れてならないのは、この写真を西林先生に紹介したリチャードの祖父カール・フリードリッヒ(Whilhelm Karl Friedlich)である。彼も父ジュリアスと同じく数奇な運命をたどる。ポートレートによればジュリアスとヒロの７番目の子供として1891年（明治24）に横浜で生まれる。1914年（大正３）の８月15日に日英同盟にもとづいて日本はドイツに宣戦布告をしたために、当時成人して中国の青島(Tsingtau)に駐屯していたドイツ兵のカールは11月の日本海軍の攻撃により降伏し、熊本と久留米の捕虜収容所で1919年（大正８）の12月まで虜囚となる。しかし解放後も彼は日本に残り、ジュリアスの会社経営に携わり、1947年（昭和22年）にドイツへ戻っている。
したがってヘルム一族の誰にとっても日本とドイツが敵国同士になったことは、想定外のことであったらしく、伝記は在日ドイツ人の国外追放によって、1915年（大正４）の４月26日に帰国するところで唐突に終わってい

る。

　私はあることを衝動的に思いついて、携帯の番号を押していた。運よく相手が応答した。

「もし、もし、西林先生ですか。忙しいのにすみません。どうしても聞きたいことがあったので、今いいですか？」

「大丈夫です。」

「ジュリアスの弟のアドルフの写真について、何か情報を知りませんか。」

「私はアドルフの写真は持っていません。じつはこれまでお話をしていなかったかもしれませんが、ヘルムの写真は２枚撮られています。」

「え、２枚ですか？」

「最初はリチャードから見せられた写真１枚だけしかないと思っていたのですが、孫のレスリーが持っていた写真は同じ背景ですが、少し角度が違って撮られているのです。つまり別々にシャッターが切られている違う写真でした。

　ジュリアスは３男のハインドリッヒと４男のカールの二人に別々の紙焼き写真を渡していたと思われます。」

　私はしばらく驚きで絶句していた。やはり写真は偽造

品などではなく原板から紙焼きされた真正の本物だった。

「茶屋さん、私が渡したポスターには別々の写真がプリントされていますので、よく見てください。サイドの背景と立っている人物の位置が違うはずです。」

「そうですか、貴重な朗報をありがとうございます。」

「じつはこの話は神戸にいる横井さんというカメラマンの方がこの写真に興味を持たれて分析した結果、連絡をくれたのです。被写体の角度が微妙に違うので、シャッターは間違いなく2回切られているそうです。」

「横井さんとは、どういういきさつで?」

「最初にリチャードから渡された紙焼きの写真はすでにぼけていて顔などがクリアでなかったので、湿板写真の専門家の横井氏に修整をお願いしたわけです。その後でレスリーからもらった写真の修整もお願いしたところ、同じ写真ではないことを教えられました。」

「わかりました。またご連絡します。」

　私は自分の頭を整理するために、電話を唐突に切らせてもらった。

　そうか、リチャードとレスリーが保持していた2枚の写真は何度も紙焼きされた写真だったからぼやけてしま

っていたのか。原板から1枚ずつ焼き増しすればキメの細かい画像が湿板写真でも出せたはずだ。そうでないとすると原板はジュリアスが持っていたわけでなくて、やはり日本にあった。陸軍省お抱えの写真家が原板を持っていたらしい。

　その時、玄関のチャイムが鳴って郵便物が届いた。分厚くて装丁の立派な豪華本である。送ってくれた宛名を見ると、エミリーの名前だった。外装を開くと、カラー版の「明治勲章大図鑑」と「明治の軍服」というタイトルの写真本であった。彼女は勲章からどうしても写真の秘密に迫りたいようだ。とりあえずお礼の電話をした。

「エミリー、本を送ってくれてありがとう。」
「私は日本語が読めないので、茶屋先生の方で写真の勲章が本の中にあるか探してくださる。」
「わかりました。会って話したいこともあるのだけど、いま電話で話しても大丈夫かな。」
「ええ、構わないわよ。」
「ジュリアスの記念写真が実は2枚あったことが分かった。1枚はリチャードのお爺さんになるカール、もう1枚はレスリーのお爺さんのハインリッヒが持っていたようだ。」

「二人の関係がわからないわ。」

「つまりジュリアスには日本人妻のヒロとの間に、4人の男の子と4人の女の子がいた。三男がハインリッヒで四男がカールということだ。」

「それは同じ写真なの？」

「人物たちは変わらないが、神戸の写真家の横井さんが研究したところによると、シャッターは2回以上切られているから、実際は複数の写真があるそうだよ。」

「偶然だわ。私もネット検索でジュリアスと小宮ヒロの二人の写真を探してたら、そうしたら記念写真がみつかって、その写真の下に横浜の写真館の名前があったの。ひょっとすると写真は陸軍省でなくて、この横浜の写真館で撮られたかもしれないと思うの。」

「それはすごいニュースだ。何という写真館なの。」

「真砂町の鈴木写真館というの。さっそくまだあるか調査してみますね。」

「ぜひ、お願いします。」

　私は写真館の話を聞いてから先にエミリーとの電話を切っていた。急に手元にある2枚のヘルム家の写真をゆっくり見比べたくなったからである。

世の中に偶然と言われる事象があるが、実際人間には眼

に見えないテレパシーで遠隔地でも相手に伝えられる伝播能力が備わっているらしい。私が写真を調べていることがエミリーにも伝わったようだ。偶然のことが起きる回数が多い私のような人間は真面目にこのテレパシーの存在を考えている。

　2枚の写真をよく見比べると確かに背景の角にある階段の柱の高さが違う。特にレスリーの写真の右端には何かわからないフラッシュがたかれたような白線が写っている。それに乃木希典と勝安房の顔の向きも共に微妙に違っている。現代でも写真が何回か撮られた時、全員が同じ顔つきと位置で撮られていることはあり得ない。やはり集合写真は複数枚あったのだ。陸軍省の専属カメラマンは撮られた写真の内の2枚をジュリアスに渡した。そして残りの複数回撮られた写真はそれぞれの日本人に渡されたと思われる。

　ジュリアス・ヘルムが横浜市内の民間の写真館で撮った家族写真には、その写真館の名前がはっきりと記載されていた。だからカメラマンや写真館の名がない写真は逆に陸軍省で撮られたという証明になるのではないだろうか。写真の秘密は写真が語ってくれる、私はそう考えると嬉しくなった。

しかし、写真の秘密を解明する前に、まず目の前にある、この送られた勲章と軍服の本を読もう。写真の疑問が解けるかもしれないという期待で最初のページを開いた。

　そして、一夜漬けの読書の結果、今まで全く知らなかった明治黎明期の叙勲制度と軍装の実態を知ることができた。写真の軍服がどの階級の軍人が着ていた軍服なのか全くわからなかったので、まずいつ頃の軍服なのか、その歴史から調べようと考えた。そしてわかったことは明治時代の軍服が最初に制定されたのは明治３年だということであった。それまで独自の藩兵の被服体系だったものを、日本国軍として統一するために明治３年12月に陸軍徽章制度が制定公布されて、廃藩置県の国軍駐屯地である各地区の鎮台設立にともなって、明治４年11月に鎮台兵服制度が公布された。
この時期に決められた被服は将校と下士官のみであり、まだ一般兵士の多くは維新期の詰襟服を着用していた。被服には軍帽、衣、袴などのデザインの詳細が決められ、将校は手袋を持ち、輸入品のフランスサーベルを左腰に吊るした。そして明治６年に陸軍徽章の改正がおこなわれ、基本的には明治時代の軍装の形がこの時に成立

したと考えられる。

　最初に西林先生と東京駅で面談した時に、特別にモノクロからカラーに再生された集合写真も渡されたので、さっそくその軍装を陸軍の徽章制度をもとに突き合わせてみた。すると軍人の6人は全員等しくランクに関係なく黒色のシングルボタンの将校用正装軍衣を着ている。そして前席の西郷従道と川村純義の袴（ズボン）を見ると、その側章の黄色線は少将以上の将官及び参謀官の袴を意味するようだ。また少し見える左袖上の黄色い袖章は階級を特定するデザインまではわからないが、やはり大佐以上の将官の袖章を意味している。なおシングルボタンの正衣は明治3年に制定されたもので、明治6年以降はダブルボタンの軍衣が登場する。軍衣だけから判断すると、明治6年以前に写真が撮られたと考えても不自然ではないようだ。

　唯一、注目すべき点は後列の隆盛が右肩に着けている白い飾り緒だ。これは参謀官のみが着けられる特別な飾り緒である。通常兵団では参謀は一人だけなので、この写真が撮られた時、意外なことに隆盛は陸軍の将官でなく参謀だったことになる。

明治4年7月に兵部省の組織が変更されて、陸軍局と海軍局、それに陸軍内に機密を担当する参謀局が設けられる。そして明治5年2月になって兵部省が廃止されると同時に、陸軍省、海軍省とそれに付随する参謀本部が誕生した。したがって、写真が撮られた時期は隆盛が参謀だったと思われる明治4年の夏から明治5年の初頭頃までともいえる。私は撮影時期に関するかすかな光明を見い出せた。

　それから私はエミリーが関心を持っていた、左胸に着けている勲章を調べてみた。写真の軍人6名がほぼ同じ勲章を着けていたが、デザインから判断すれば、日本で一番古い明治8年に制定された旭日章である。
　この本の著者によれば、明治初期の旭日章は彫りに1週間、七宝（Enamel）に1週間、仕上げに1週間を最低要したという。それだけ専門の職人の手間がかかったので、大変価値あるものだった。
私はその時、彼らが着けている勲章は、30年前に私の父親が昭和天皇から綬章された勲三等の勲章と全く同じデザインであることに気がついた。ということは明治8年に造られた勲章のデザインは戦後になっても何も変わっていなかったのか。急に父親の勲章が時代を超えて、写

真の人物たちとつながったように思えた。

やはり勲章の制度と、それ自体のデザイン、形式は明治時代にほとんど完成して現代の今でも少しも変わってないということであった。わずかに文化勲章だけが昭和時代になってから追加された勲章であることを知った。ただ明治8年以前の勲章は、勲章とは呼ばずに賞牌と呼ばれていた。いずれにしろ明治の勲章は明治6年から7年にかけて国産製造されて、正式には明治8年の12月に皇族へ最初の旭日勲章が授与された。

　歴史的には明治政府ができてから、欧米に見習って日本の勲章制度の研究が始まり、明治初年から勲章は作られていたが、軍服と同じように試行錯誤の段階で輸入品を参考にしながら国産品の開発途中であったようである。したがって正式には明治8年に皇族に対して授与された旭日章が勲章の始まりとされる。それならば、それ以前の明治7年に臣下である写真の軍人たちが着けていた勲章は何なのか、その勲章をもらった時期はいつだったのか？

　全員が等しく同じサイズの勲章を着けていた疑問がひょんなところから判明した。それは現存する明治12年に撮られた明治天皇御下命の写真帖の中に記載された当時

の役職名を見ていた時だった。西郷従道は参議、陸軍省、大山巌は陸軍省、山縣有朋は参議、参謀本部、陸軍省、川村純義は参議、海軍省の役職以外に4人とも賞勲局に所属していたのである。これから推測されることは当時から写真の軍人5人は西郷隆盛を中心にして、勲章制度を研究していたチームだった、だから着けていた勲章は開発中のサンプルであった可能性が高い。故にすべて同じデザインであった理由も納得できる。

4　廃藩置県

　私はエミリーや西林先生から質問を受けた時、答えられるように、これまでに判明した要点をノートに書きつけ始めた。

ジュリアスや当時の新聞の資料によって推察される事実は、天下を奪取した薩長の藩閥勢力にとっては和歌山藩独自の軍備再編は脅威となりつつあった。またその薩長を応援してきたイギリスにとっても、ここで明治政府が急にドイツ式の兵制に変えることを警戒して反対したものと思われる。これがカッペン不在を狙って廃藩置県を急きょ断行した一つの理由ではなかろうか。

ビジネスマンであるジュリアスがその政治的な背景に気づかない訳はない。それ故に日本における彼一流の保身術が、この集合写真の背後に隠されているのではないだろうか。なぜなら写真に登場する軍人たちは全員薩長の出身であり、それに徳川幕府に幕引きの引導を渡した勝安房までが同席している。すなわち、この写真は当時の陸軍省の最高幹部から構成されており、その影響力と権力はジュリアスをしても写真撮影時に身構えるほどの緊張感をもたらしたというのは我田引水の妄想であろうか。

　私がジュリアスの伝記を精読して、一番奇妙で不自然な点

に気づいたことがある。それは彼自身の作為的な行為にも思えた。彼の82年間の生涯を通じての伝記でありながら、特に陸軍省での写真撮影の出来事の記載がないということである。それは彼にとって無視できるような小さな事件であったのだろうか？

通常日記や伝記には年月日をつけるのは当たり前であるが、不思議なことにジュリアスは日本に来てからの出来事の日付をほとんど書いていない。伝記は彼が老年になってから己の人生を回顧したものなので、昔の出来事の日時は思い出せずに、曖昧になり書かなかったかもしれないが、陸軍省で写真を撮ったことは、本来なら彼はその日付をはっきりと覚えていてもおかしくないほどのビッグイベントだったはずである。

なぜか、その大事な記事が伝記には一行も書かれていないのだ。ジュリアスは明治8年（1875）に日本人小宮ヒロと結婚するのであるが、その結婚式の日付も伝記には書かれていない。式を挙げなかったのかもしれないが、彼にとって日付はあまり重要な意味を持っていなかったのだろうか？

それとジュリアス本人が写真の裏に名前を書いたことを、誰にも話していないということも奇妙である。問題になっている「1874 MEIJI 7 NEN RIKUGUNSHO」とタイプした人物はジュリアス自身なのか、それとも第三者が彼から聞いて打ったのか、そして誰が写真に日本語の添え書きをしたのかも全く不明で、写真だけが残っているのがミステリーだ。

人間が持って生まれた個性は、すなわち長所、短所は一生基本的には変えられない、また変わらないという。その意味からジュリアスの性格も変わらなかったとすると、陸軍省で撮られたという写真は、伝記には残す必要のない些細な事だったのか、或いは意図的に隠さなければならない理由があったのか、どちらかの仮説が成り立つと私は考えた。

そこで私の脳裏には強い一つの仮説が浮かび上がっていた。それは写真に書かれた明治7年と本当の撮影時期は違うのではないかという疑念である。

もし私が我が家の先祖の古い100年前の写真を見つけたとしよう。何かの時の記念写真らしい、祖父を中心にして全く知らない7人が温泉地の浴衣姿で写っている。写真には誰が書いたかはわからないが、明治7年熱海と書いてある。その写真が何の目的で撮られたか、その状況を知っていると思われる祖母も両親もいなくなり、確かめようがない。このような状況下で果たして、この写真が本当に明治7年に熱海で撮られたということを他人は断言できるだろうか。祖父の記憶がおぼろげになり、ひょっとすると事実は同じ温泉地でも近くの箱根か湯河原だったかもしれない、或いは時期も明治6年の年末だったかもしれないのである。

　この仮説の根拠は簡単である。明治7年には肝心の隆盛が東京に不在ということである。それともっと大事な点はジュ

リアスが和歌山藩に関係していた期間はわずか1年半ぐらいの間である。はたして軍を退役した民間人が、それも3年後にわざわざ日本陸軍の偉い軍人さんたちと記念写真を撮るだろうか？

これも身近な具体例で考えてみるとわかりやすい。もし、私が半年間ある会社に臨時社員として勤めたが、会社の理由で急に解雇されたとする。その3年後に首を切られた会社の社長から呼ばれて、はたして退任の記念写真を喜んで撮るだろうか。通常あり得ない話と思う。

もし、隆盛が会社社長とすると、その社長が記念写真に収まる理由はただ一つしかない。その臨時社員の勤務期間が短くても、本人が会社に多大な貢献をした時である。それ以外は私の会社経験からみて、社長が出席することなどはあり得ない。

つまりジュリアスは隆盛が感謝するほどの貢献を何かしたということだ。しかしそうだとすると、今度はなぜ彼がその誇らしい事を伝記には書かなかったのかというのが疑問になる。この仮説を成り立たせるのは、ジュリアスにとっては表立って誇ることではなく、ある意味では隠したかったからではないだろうか。それでは隠したかったことは何だったのだろう？

　私はこの仮説を論理的に立証するために文献資料をあさり始めた。まずジュリアスの写真が撮られた理由と、その時期

を推論することにした。

正しい検証の仕方は、ジュリアスが和歌山藩の軍事教官になっていた明治4年の廃藩置県の前後に何が起きていたかを調べるのが本道と思えたので、ジュリアス以外の人物の当時の状況を再度調べることにした。

廃藩置県がなされた明治4年の頃の、写真に撮られている人物の役職を調べると下記のようになった。もしこの頃に集合写真が撮られたとしたら当時の陸海軍の最高幹部が一堂で撮影に応じたという点で、ジュリアスの写真は歴史的に誠に貴重であると言わざるを得ない。

明治4年11月		**出身地**
西郷隆盛（45歳）	参議　陸軍大将　近衛都督	鹿児島県
西郷従道（29歳）	陸軍少将　兵部少輔	鹿児島県
大山巌　（30歳）	陸軍少将	鹿児島県
山縣有朋（34歳）	兵部大輔　陸軍中将	山口県
川村純義（36歳）	海軍少将　兵部少輔	鹿児島県
勝安房　（49歳）	兵部大丞	東京府
乃木希典（23歳）	陸軍少佐	山口県

いま一つ、この時期は日本歴史において重要な変更がなされた、すなわち明治政府が太陰暦から太陽暦を採用した時期に当たる。明治政府は明治5年（1872）12月1日をもって太陽暦を採用した結果、12月1日は明治6年（1873）1月1日

となった。したがってジュリアスの明治7年（1874）の撮影日が、もし明治6年以前ならば日付は違ってくる可能性がある。

明治5年以前の文献は旧暦の月齢カレンダーが使用されていることが多いので、旧暦から新暦の日付を探し出すのは煩雑で間違いを起こしやすいのが研究者の頭痛の種である。ジュリアスも伝記を書く際に、西洋暦と和暦で混乱したことが多かったと思うので、あえて日付を省略した可能性もある。

　メインテーマであるこの集合写真はいつ撮影されたか。少なくとも隆盛が不在だった明治7年でないとすれば、それはいつだったか？

もしジュリアスが和歌山藩に雇われた時期であれば、上司のカッペンと弟のアドルフが同席していないことは不自然である。少なくともカッペンが写真に写っていないということは、もう1枚カッペン自身が日本人と撮った写真があったとも考えられる。当時カッペンを除いて応援者のジュリアスが和歌山藩軍の主役になることはあり得ないからだ。しかし現実として集合写真はジュリアスが写っている1枚しか見つかっていない。

現在カッペンの写真が残っていないとすれば、考えられる合理的なケースはカッペンが日本に不在の時であり、そうであれば彼の写真が撮られなくてもおかしくはない。

歴史的な事実として、明治4年の廃藩置県が実施された7月

には、カッペンはドイツへ向かう船の洋上にいて日本に不在であった。しかし半年後には4,000挺の銃と追加補充の6名のドイツ人教官を連れて、和歌山へ帰ってくるので不在の間はわずか半年あまりである。

カッペンが帰ってきた時には、すでに和歌山藩兵の解散と明治政府への引継ぎはほとんど終わっていた。本来ならば、カッペンが帰ってくるまで、ジュリアスは引継ぎ業務を待つべきだったのかもしれないが、武器と兵隊の引継ぎは即日という政府の強硬な命令があった。結果として、ジュリアスは上司カッペンとの意思疎通が取れずに、藩兵の5個大隊5,000名と工兵隊員500名を政府に引き渡さざるを得なかったか、あるいは解散させられた。

工兵隊の全員は間違いなく政府が引き取った事実があるので、他の和歌山藩兵も引き取られたと考える方が現実的であろう。したがって、廃藩置県実施日にジュリアスが引継ぎに協力的な行為をしたとすれば、新しく軍制を一新しようとする日本軍にとっては賞賛する行為になる。イコール記念写真を撮る立派な理由が存在する。

　次に、写真に登場する7人の日本軍人の動向から写真の撮影時期を探ってみようと考えた。そこで私はカッペンが不在だった明治4年（1871）の下半期に、写真に登場する軍人たちの所在を探ってみた。

まずアリバイが明確な大山巌から検証してみた。大山はジュリアスの写真では後列の左側から2番目に立っている人物である。

大山は明治3年（1870）8月26日にフランスとプロシャ戦争の観戦を兵部省から命じられて、横浜から外輪蒸気船の米国船クレド・ハフリック号に乗ってサンフランシスコに向っている。戦争は翌年の正月にはプロシャ軍が優勢となり55万の将兵でパリを包囲する。大山はフランス軍100万人、プロシャ軍150万人が投入された大戦争を視察して1871年の初めにパリを離れ、ロンドン、スエズ運河経由で日本に向かう。そして帰国は明治4年（1871）3月16日であった。

しかし、大山は本人が希望して、すぐにまた海外へ留学することになる。明治4年11月12日にアメリカ経由でパリに向かう。そしてリヨンでの博覧会を見物したり、欧州各国を周遊して、帰国するのは3年後の明治7年（1874）10月3日であった。そして、そのわずか2日後には従兄弟である隆盛に会うために鹿児島へ向かう船に乗っている。

いずれにしろ大山の日記から考察すればわずかな期間であるが、明治4年の3月17日から次の留学に出発する同年11月11日までは日本にいたと言える。したがって、ジュリアスとの写真撮影が可能な日付は大山の外遊のせいで極端に限定される。

　次に写真の中心人物である西郷隆盛は後列の右側から2番

目、ジュリアスの真後ろに立っているとされる。隆盛の日程を調べてみると、明治4年は特に隆盛にとっては明治維新を仕上げる節目の年であった。それまで鹿児島藩の大参事として藩主の島津久光を補佐していたが、廃藩置県の実行の事前準備として明治4年の正月に一旦上京する。そして、すぐに大久保利通と木戸孝允を連れて土佐へ行き、板垣退助を参加させて神戸に入り、そこから山縣有朋も同行して2月2日に東京へ戻ってくる。

そして廃藩置県実行の確約が薩摩、長州、土佐の3藩によって合意されると、隆盛はまたすぐに2月15日に東京を出発して、天皇の御親兵となる3千の兵士を連れてくるために鹿児島へ向かう。そして4月21日には兵士を連れて品川に戻ってきていた。超人的な働きを当時の隆盛はしていたのである。

　ここで面白い事実が判明した。隆盛は明治4年5月6日に和歌山藩の大参事である津田出を青山の宿舎にわざわざ訪問しているのである。その時に色々とプロシャの兵制や徴兵制についての参考意見を聞いている。

その年の6月25日、隆盛は木戸と同時に参議に就任して、実質日本軍の最高権力者となる。またこの明治4年7月に軍事を司る兵部省の中に陸軍部、9月に海軍部が創設されている。この時、前に述べたように陸軍部だけに後の参謀本部の原点になった機務密謀に参画する参謀局が設けられた。兵部省は翌年の明治5年2月27日に廃止されて、陸軍省と海軍省

が２月28日に正式に誕生する。

　廃藩置県の詔勅は旧暦の明治４年７月14日に出された。大きな混乱もなく、廃藩置県は成功した後、８月１日に隆盛は大久保利通を連れて、津田を再度訪問して今後の国政について談論している。そして隆盛は津田の政治改革意見に傾倒されて、彼を政府の大蔵少輔に採用する。明治７年には津田は陸軍少将に昇進している。しかし明治６年９月24日に起きた政変によって、隆盛は参議を辞職して鹿児島へ帰郷する。写真の撮影期日とされる明治７年は、２月になって佐賀県の士族らによる暴動が発生して、陸軍大将西郷隆盛は鹿児島に居ると公式に確認されている。その後、西南戦争が勃発した明治10年まで隆盛が上京した記録はなくなる。

　次に西郷隆盛の右隣に写っている山縣有朋について調べてみた。
山縣は隆盛や大久保、木戸が亡くなった後、日本陸軍のトップとして日本の政界をリードしていく名実ともに軍の重鎮の地位を占める人物である。山縣は長州萩藩の最下層の下級武士の子供として天保９年（1838）に生を受ける。時代が平穏であったなら、父と同じ下級武士として平凡な一生を終えていたであろうが、時代の波は山縣に大きな飛躍のチャンスを与えた。松下村塾門生として尊王攘夷活動に身を投じたことから、奇兵隊に入隊し下関で外国連合艦隊と戦う。そして長

州征伐に来た幕府軍とも戦うことになり、倒幕運動の主要人物となる。戊辰戦争では北陸会津征討総督として活躍する。山縣は論功行賞として600石の賞典を受ける。この時、最高の論功行賞は隆盛の2,000石であった。

明治2年3月、山縣は西郷従道と共にロシアとフランス2か国の視察のために渡欧する。明治3年7月に帰国した山縣は兵部少輔に任官して、軍制を担当する。しかし当時の兵部省には実権はなく、軍隊は各藩の私兵でしかなかった。そこで山縣は一番の実力者であった隆盛をかついで、薩長藩を主体とする御親兵を組織することを考える。これが明治4年の廃藩置県につながるのである。

この功績によって7月14日に山縣は兵部大輔に昇進する。その時点で兵部少輔だった西郷従道と川村純義の2名を補佐させて、新政府の軍制の確立を図る。

　明治5年（1872）陸軍出入りの政商、山城屋和助に陸軍の公金を融資した横領事件で明治6年4月に陸軍大輔を辞任するが、すぐに6月に陸軍卿で復職する。明治10年（1877）に勃発した西南戦争では日本軍の征討指揮官として、9月24日に鹿児島の城山で隆盛を自刃させる。その総攻撃の直前に、隆盛に自決を勧める書状を送っている。

　　願わくば貴兄の自決によって、このたびの挙が大義にもとづかないことを証し、彼我の死傷を救うことを計れば、兵は戦わずに済み、貴兄をして蓋棺の後に定まる所あると思われる。

長年陸軍の上司として、隆盛に仕えてきた山縣にしてみれば、逆賊の汚名だけはなんとしても着せたくなかった心情がよくくみ取れる勧告状である。しかし隆盛は回答せずに、従容として自決したという。

　次に集合写真の中では後列左側に立っていて最年少だったとされる乃木希典のアリバイに関して調べることにした。
乃木は嘉永2年（1849）に江戸の長州藩邸で藩士の三男として生まれた。10歳の時に長府に戻る。萩の明倫館で文武を学び、慶応2年（1866）長州征伐の政府軍と戦い、足に貫通銃創を受けた。戊辰戦争に参加後、明治2年に京都のフランス式操練伝習所に入学する。
当時は各藩の軍隊はそれぞれの兵式で軍制を敷いていた、薩摩藩はイギリス、紀州藩はドイツ、幕府はフランス、庄内藩はオランダの兵式で、全国的には統一されてはいなかった。そのため明治新政府は幕府の旧制に従って、フランス式の伝習所を設けていた。
明治4年の正月に乃木は京都御所御親兵の陸兵練兵教官となり、東京で御親兵として勤務する。廃藩置県になってから東京鎮台へ赴任、明治4年11月23日には尉官も経験せずに、一躍して少佐へ昇進している。
この人事昇格の背景は別にして、乃木は明治4年の11月24日には仙台鎮台へ赴任した。そして翌明治5年の3月に東京鎮

台司令官次長になり、また東京勤務となる。このように乃木は地方鎮台の教官として各地に勤務していたが、明治7年9月からは参謀に昇格して陸軍卿山縣の秘書官を務めている。

　話は少し本題からそれるが、乃木は24歳で少佐として名古屋鎮台に勤務することになる。若くて歌舞伎役者並みの色男で出世コースの軍人となれば、花柳界の芸妓がほっておかずに、名古屋の一流芸妓二人から同時に惚れられるようになった。どちらを選んでも艶聞問題が起きて、また軍務にも専念できなくなることを恥じて、両人を呼ぶと、その面前で二人に別離を宣言したという。
しかし、明治女である二人はどちらも引き下がらなかったので、遂に乃木は軍刀で自分の腹を切ると言う。そこで二人はようやく納得してきれいに別れたというエピソードがある。
それほど乃木は酒も強く女性には各地で持てたという。

　明治10年の西南戦争開戦時に、熊本鎮台第14連隊長だった乃木は熊本から北上してきた西郷軍と小倉近くで遭遇して敗退することになる。その最中に連隊旗を奪われる大失態をおかす。軍人として最高の恥辱を受けたために自殺を図るが、僚友の児玉源太郎に止められた。西南戦争後に軍旗は取り戻されていたが、陸軍上層部はなぜか乃木には秘密にしていた秘話がある。
その後、乃木は30歳を過ぎて東京第一連隊長になっても独身

でいたので、上司が結婚することを強く勧めた。乃木は見合いの相手の条件として、

「私は長州の者に世話されるのが大嫌いでありますから、薩摩の女の方がすきです」

と言って、鹿児島から静子という嫁をもらった。後に一緒に殉死するほどの賢婦人となる。この後、乃木は義父と弟を反乱軍として西南戦争時に戦死させたことを恥じて、なぜか自暴自棄となり常軌を逸した放蕩にふける。後年の軍神とあがめられた面影が当時全くなかったことを知ると、乃木の純粋無垢で繊細な人間性を知ることができて興味深い。

乃木の軍務履歴は山縣と違って常に地方勤務が多い、したがって彼がタイミングよく写真撮影の日に陸軍省にいた可能性は高くない。私の感では階級からみて予定された行動ではなく、たまたまジュリアスが陸軍省へ来た時に山縣あたりから声をかけられたのではなかろうか。

　乃木とは別の面で人間味がある隆盛従道について調べてみた。従道は前列のジュリアスの右隣に座っている人物とされる。写真の裏には当時の従道の呼称であるJUDO（ジュウドウ）と書かれてあった。従道は明治3年に和歌山藩へ出張して、その軍制を調査しているので、カッペンやジュリアスとは話をしていた可能性が高い。ジュリアスが陸軍省で従道に再会した時には、和歌山当時の話がはずんだに違いない。

明治2年（1869）から明治3年の間、山縣有朋と一緒に渡欧

している。帰国後、明治3年（1870）8月に兵部権大丞に就任、廃藩置県の明治4年（1871）7月には陸軍少将に昇進している。

明治6年（1873）の政変では、兄隆盛と行動を別にして東京にとどまる。明治7年（1874）4月に陸軍中将となり、台湾出兵を指揮して5月17日現地に出向く。12月7日に台湾から長崎に帰還すると、その足で隆盛の政界復帰と上京を説得しに鹿児島を訪問している。従道が東京に凱旋したのは年も押し迫った12月26日であった。したがってこの従道の行動からみても、そもそも明治7年の写真撮影は難しかったといえる。

明治10年（1877）の西南戦争中は、従道は隆盛に味方せずに陸軍卿代行に就任して東京で勤務していた。隆盛の死後は薩摩閥の重鎮として政界に君臨する。

　彼の履歴を見るかぎり山縣と同じく東京に常在していたので、明治7年以外の写真撮影にはあまり時間的な制約はなく立ち会えた可能性は高い。

前席の一番左側に座っている人物は海軍の要職を兼任した川村純義といわれている。隆盛の姻戚で維新時代より重用されて、明治7年には海軍中将に昇進した。西南戦争では開戦時に隆盛を翻意させようと鹿児島まで入ったが、果たせず結果として日本海軍を率いて西郷軍と戦う。

この時の情景を私の小説「蓋棺」から再現してみたい。川村にとって隆盛との対決は不本意であったに違いなく、その後

の人生を大きく曲げてしまう。

　鹿児島の私学校徒による弾薬強奪の報が東京の海軍省に達したのは明治10年2月3日の夕刻であった。ちょうど明治天皇の関西行幸中のために、参議は全員京都の行在所にいたので連絡が充分に伝わらず、最終的に政府が鹿児島の状況視察を海軍大輔の川村純義に命じたのは、2月7日になってからであった。

　使者となった川村は武装輸送船の高雄丸で神戸から全速力で九州へ向かい、2日後の9日正午には鹿児島の前浜に到着した。しかし川村の眼に入った光景は、停泊している船上には私学校徒と見られる武装した者たちが闊歩しており、埠頭にも剣と小銃を持った学徒たちが多数往来していて、かつての穏やかな鹿児島港の雰囲気とは一変した姿であった。

　川村はすぐに西郷大将に会いたいと思って、海軍主計の一人に手紙をもたせて上陸させたが数時間たっても帰って来なかった。夕刻になって2人目の使者も拘留されて帰ってこないことを知って、川村は異変が事実であることを再認識した。3度目の使いに大山綱良県知事に対面したいと県庁へ連絡させたところ、夜になって大山本人が何事もないかのように来艦した。
「大山県知事、鹿児島県下は一体全体どうなっているのですか」
「それは政府が警察官を派遣して西郷大将を暗殺しようとしたことと、陸軍が県に黙って弾薬を運ぼうとしたことで、私学校徒が怒っているわけじゃ。ついては西郷大将は近く上京して、政府の非を糺すことになっている。私学校徒も警護のために全員随行す

るそうだ」

「なんだと、西郷大将の暗殺の話など聞いてはおらん。確かな証拠でもあるのか」

「中原という警部と他の警察官の陳述調書がある」

「それなら、それを見せて欲しい」

「いま鹿児島警察で整理中なので、すぐには見せられぬ」

「おはんの言うことを疑う訳ではないが、いずれにしろ西郷大将には何としても会いたいのだが」

「それなら椎原の家で会われたらいかんですか」

「うむ、それはよか。明日会えるように算段してくれぬか」

　川村にとって椎原は隆盛の母、満佐子の叔父であり、妻の舅でもあったので好都合の選択と思えた。

　しかし翌朝、川村が見たものは一転して白刃を抜いた学徒を乗せた多数の和船が高雄丸に近づいてくる光景であった。乗艦が乗っ取られると思った川村は慌てて錨を上げさせて、沖合に退避することを命じた。和船に乗った学徒たちが諦めて岸に戻っていく姿を見ながら、誰が彼らにこの船の乗っ取りを指示したのか、昨夜来の大山の不遜な態度が妙に気にかかり始めた。

「私学校の連中も、思う存分のことをやったら気が済むだろう」

　苦笑いしながら自分に投げかけた自虐的な言葉は中村半次郎、篠原冬一郎ら僚友との惜別と、同県人として私学校徒への相反する激励でもあった。高雄丸はそのまま蒸気を上げて錦江湾を離れていった。

この時点でまさか隆盛自身が政府に対して反乱を起こすなどとは、川村は考えていなかった。したがって西南戦争が最悪の形で終了したことにより、叔父隆盛を殺してしまった自責の念は誰よりも強かった。それが証拠に川村はこの後、海軍の要職から外れて閑職に徹する。

写真では勝安房が常に海軍の上官であった関係で二人が一緒に膝を突き合わせて座っている。勝の日記には明治7年の3月17日に、海軍省で「川村少輔帰府。鹿児島の情実を聞く」と書かれてあり、二人が隆盛の去就を案じていることがそれとなくわかる。

この後の記述に、同日に勝はカピタン某という外国人と面会している。しかし、この人物はジュリアス・ヘルムではないと思われる。もしこの日に写真が撮られているとすると、隆盛と大山が不在という振り出しの問題に戻ってしまう。つまり別人の西郷と大山を探さなければならなくなるからだ。

　最後はジュリアスの左側に座っている背広姿の勝安房とされる人物の履歴を調べてみた。幕末に勝は徳川幕府の幕臣で安房守を拝命していたために、明治3年から政府の要職についた勝の名前はまだ海舟ではなく、安房と呼ばれていた。勝は幕府海軍伝習所を実質的に立ち上げた功労者でもあり、廃藩置県の時代には海軍トップの海軍大丞の任にあった。

勝は隆盛と同じように幕末から明治10年頃までは数えきれないほどの国の重要な仕事をこなしている。ただジュリアスと

の写真に同席した理由を考えると、やはり和歌山藩との関係からではないかと推測する。

廃藩置県時、勝は徳川御三家の一つである紀州家と責任者の津田と陸奥に対して藩兵をいさぎよく捨てて、新政府に恭順するように説得したはずである。

廃藩置県の勅令は全国の大名に、国主の退位と藩による徴税と徴兵の廃止、侍の解雇を求めた苛烈な命令であった。当然強藩であった和歌山藩が素直に明治政府の要請に応じるかどうかは、少なくとも事前には未知数だった。現に隆盛のお膝元の鹿児島県が一番抵抗して、遂には西南戦争の原因になったぐらいである。

その証拠に、海舟日記によれば明治3年10月5日に、紀州権大参事の橋本生が静岡にいた勝を訪問している。趣旨は書いていないが9日には、和歌山県知事に鉄砲を届けさせている。また同年の12月16日の日記には、和歌山にてプロシャ下士官の雇い料が月に300ドルかかるので、食料代としての賄いを援助している。つまり徳川家の後見人として和歌山藩の軍備を応援していたのである。

廃藩置県後の明治4年9月に静岡から上京した後も、勝は特に元徳川家譜代の県知事や華族に対して新政府に協力させる役割を担っていた。だからジュリアスの写真が撮られた目的は、廃藩置県の実施による和歌山藩兵の引継ぎ業務にジュリアスが協力したことによる感謝の記念写真と考えてもおかしくない。勝がジュリアスとの撮影に応じたのも当然だっ

た。

現代では背広を着ることは普通であるが、この当時背広を着ることはまだ珍しく、完全な礼装服でもあった。残された勝の既存写真の中で、着物ではなく背広姿の勝はこれが初めてではないだろうか。

いずれにしろ観光地や学校行事における記念写真などは別にして、いつの時代でも目的なく集合写真を撮ることはあり得ない。これは昔も今も同じはずなので、ジュリアスを主客にした写真が撮られた理由は和歌山藩の去就の一点にあったと信じるところである。

5 顔認証

　少し根を入れ過ぎて写真のことばかり考えていて疲れたの
で、私は久しぶりにパソコンのユーチューブでも見て気晴ら
しをしようと思った。このネットチャネルを最初に始めたグ
ーグルという会社は本当に先見性があって素晴らしい人材が
集まった会社だと思う。政治や娯楽にしても投稿者の意思が
そのままアップロードされていることは素晴らしいことだと
感心する。

　アメリカの大統領選のテレビ討論では、トランプとヒラリ
ー両候補者の論戦は迫力があって面白かったが、民主党推薦
のヒラリーが病気で出られずに、その日は替え玉だったとい
うユーチューブのサイトがあった。アメリカ人の投稿者いわ
く、人間の顔が似ている、似ていないは感情論が主体となっ
て真偽の決定的な証拠にはならない、しかし万人が変えられ
ないその人固有の指数が顔には存在するという。
それは眼と歯の比率(Eye Tooth Ratio)と呼ばれる理論で、右眼
の中心から左眼の中心までの距離を四角形の横辺として、縦
辺をその両眼の中心線から顔の上歯までとする。そうすると
両眼間の横線の距離と、眼から上歯までの縦線の長さはおお
むね縦の方が長くなる。この縦と横の割合は、子供の時から
年齢を経て老人になっても基本的に変わらないそうである。

したがって、もしその指数が0.1でも違えば別人になると解説していた。大体丸顔の人は1.0に近くなり、馬面になれば１.５に近づく。

そのサイトでは本物のヒラリー・クリントンの指数は1.20なのに、テレビ討論の時の女性は1.06と違う指数だった。だから間違いなく替え玉の別人(Fake)だと断定していた。信じる、信じないは別にして、現実論としてこの顔認証の指数を使用すると、許される誤差の最大許容度は0.1以下だと思われる。0.2も違うと全く別人の顔になってしまうからだ。

　私は瞬間的にこの眼と歯による顔認証のシステムはジュリアスの写真判定にも使えると思った。集合写真の人物たちとジュリアスが書き残した名前の顔が一致するかどうかが、一番の懸念材料であったからである。

現代まで残存されている各自の写真をこの方法で見比べてみれば、写真に書かれている名前の人物が同一人物かどうかは瞬時にわかるはずだ。これまで写真の人物が本当に本人に間違いないかと言われると実は自信がなかったので、早速この方式を採用することにして、すぐに計算を始めてみた。

　ジュリアスが会った軍人たちは皆偉くなり、老年時の栄達を遂げた時の写真は実在しているが、若い時の写真は殆ど世間には流布していない。彼らの一番若い時の写真は明治12年に明治天皇が側近の政府高官の写真を献上することを御下命になり、収められた人物写真帖の中に西郷隆盛を除いた全員

の写真が現存している。

　調査結果は下記の通りだが、いずれの場合も本人との指数は面白いほど一致した。

	ジュリアスの写真	明治12年
乃木希典	1.2	1.2　(32歳)
山縣有朋	1.5	1.5　(43歳)
大山巌	1.0	1.0　(39歳)
川村純義	1.25	1.25 (41歳)
勝安房	1.37	1.37 (58歳)
西郷従道	1.0	1.0　(38歳)

　この顔認証の指数から導き出された結論は、タイプで打たれた名前の人物はやはり本人の若き日の姿であったことが言えるようである。ただ一番の問題は実物写真の残っていない隆盛だった。ちなみに集合写真の隆盛と一般に知られている隆盛の顔写真を比べてみた。

隆盛	1.2	1.4

　案の定ジュリアスの写真の隆盛と、通常世間で認知されている目の大きい隆盛どんの顔認証の数値は0.2も違っていたので、全くの別人となった。日本人の多くが知っている隆盛の顔はイタリア人の銅版画家エドアルド・キヨソネ(Edoard

Chiossone)が描いた銅版画を写真に撮ったものである。

キヨソネは明治8年にお雇い外国人として来日し、明治11年に発行された一円札の神功皇后の肖像を制作している。政府関係者の誰がキヨソネに隆盛の肖像画を依頼したのかはわからないが、隆盛の残存する写真が一枚も残っていないので、このキヨソネの銅版画が実像として現在では流布されてしまっている。キヨソネ本人は隆盛自身とは生前に会っていないので、弟の従道と従兄弟の大山巌の顔を参考にして作画したと言われている。したがって、上野の西郷さんの銅像も本人の顔を知らない彫刻家の高村光雲が、このキヨソネの画を参考に制作したものである。

そこで隆盛の顔を比較する題材として、通常息子は父親によく似るというので、二番目の妻の愛子と隆盛の間に生まれた長男菊次郎の肖像写真を調べてみることにした。

西郷菊次郎　　　　1.25

計算してみると顔認証の指数も父隆盛の1.20と近く、菊次郎の写真はヘルムの写真の隆盛にわりかた似ていると思うのは、私の依怙贔屓だろうか。

顔認証システムの調査結果は、隆盛以外は全員が実存写真と100%一致するのを見て、私は9割近い確率で隆盛も実際の本人であることを信じ始めた。

ちなみに私自身も現在の写真と40代の写真を比較してみたところ、やはりキッチリと同じ1.1の指数で一致した。

しかしながら、顔認証の指数が一致しているから絶対本人であるとは断言できない。同じ指数の人間はたくさんいるわけなので、この写真に写っている人物が同一人物であるとはやはり確定できないのだ。

それでも私は西林先生とエミリーにこの顔認証の調査報告をしようと思った。場所は葉山にある海沿いの地中海料理のレストランがいい。あそこなら相模湾を越えて江の島が見える。その江の島の上に天気がよければ富士の高嶺が見えて、夕焼けの雲に包まれる頃にはより富士山が映えて最高に雰囲気がある場所だ。

　約束の日の夕方、そのレストランで早めの夕食を取りながら、私は二人にこれまでの経過を話し始めた。あいにく富士山は雲に覆われて見えなかった。

「やはり、この写真は顔認証の指数を見る限り、全員間違いなく本人たちだと思います。」

　私が顔認証のシステムの仕方と、その指数の一覧表を見せると二人は驚いて、そしてしばらくしてから喜んだ。

「ところで西林先生、ジュリアスが写っている紙焼き写真が２枚あったことで、やはりこの写真は本物といえますね。残る問題は写真に書かれた『1984 MEIJI 7 NEN RIKUGUNSHO』の日付だけど、私はジュリアス自身が誤記し

たのではないかと考えます。」

　西林先生は一瞬驚いた顔を見せた。

「もし、そうだとすると、どうしてジュリアスは間違えたの
ですかね？」

　西林先生が鋭く追及してきた。エミリーも、

「何か理由があったはずよ。」

「もちろん、普通は撮った日を忘れたのなら、単に書かなけ
ればいいわけですけど、この日付に関してはジュリアスの行
為は確信犯だと思うんです。」

「それがわかれば、これまでの20年間の問題がすべて解決す
る。」

　西林先生の顔が急に明るくなった。

「それでは私が推理探偵の茶屋二郎になって、犯人がジュリ
アス自身だということをお話ししましょう。そもそも明治７
年という年を選んだことが、この秘密の答えになります。そ
れには２つの理由があったと考えます。

この年にしなければいけなかった一つの理由は、上司カッペ
ンとの問題だった。この西暦1874年である明治７年は、カッ
ペンが生まれ故郷のドイツのブュケルブルグ市に日本から戻
った年なのです。」

「カッペンのために日付を変えたというのですか？」

「そうです、ジュリアスにとって写真を撮った年が、わから
れては都合が悪かった。」

「茶屋先生、わかった。ジュリアスはカッペンがいなかった

時に写真を撮ったから、バレルのが怖かったのね。」

　エミリーが嬉しそうに答えた。

「ピンポン！　カッペンにしてみれば、自分の不在の時に和歌山藩が廃藩置県を受け入れて、自分が作った虎の子の軍隊をみすみす無条件で政府に渡されてしまい、その間にジュリアスだけが陸軍省に招かれて記念写真を撮ったことを知ったら、それこそ二人の間に血の雨が降ったでしょう。」

「それで1874年と、どうつながるの？」

　エミリーの疑問は至極当然だった。

　私は食後のコーヒーを一口ゆっくり飲みながら、

「私が推測する理由は、カッペンのことより明治政府の政治的なマターだったと思います。実は明治７年の春に、全国の写真館にあったそれまでの明治天皇の真影写真がすべて没収されて破棄されました。天皇を神格化しようとしていた明治政府にとって、実像写真は不敬となるという理由だったのです。」

「ふけいって？」

「英語ではイレヴェレンス（Irreverence）と言えば、エミリーはわかるかな。」

「なるほどね、でも天皇とジュリアスの写真は関係ないでしょう。」

「そうだけど、ジュリアスは日本陸軍の将軍たちとの写真は大事な思い出としてキープしたいと思っていた。だから万一

にも自分の写真も取り上げられると困るので、1874年の春以降に撮影された写真にした。そうすれば言い逃れできると思ったのではないかな。

そしてジュリアスの懸念は間違っていなかった。数年後に西南戦争を起こした西郷隆盛が国賊になると、天皇の写真と同じようにやはり隆盛の写真も没収された。」

「茶屋さん、でも西南戦争が始まって、この西郷の写真があることを知っていた陸軍省がジュリアスから取り上げていないのは、おかしいですね？」

　西林先生の質問は的を射ていた。そもそもこの集合写真を撮ったカメラマンは誰なのか、ずっと気になっていた。カメラマンが陸軍省出入りの写真家だったとすれば、原板は撮影者が持つのが常識であるから、この集合写真はもっと早くから日本で知られていても本来はおかしくないはずだ。それが知られていないということは、写真が撮られた後でオープンにできない理由が発生したに違いない。いずれにしろ写真の秘密は写真の中にあるはずなのだ。

「西林先生、カッペンの雇用契約は確か明治５年の３月までだったと思いますので、遅くとも４月には日本を離れたはずと思うのですが、正確な日付はわかりませんか。それとカッペンがドイツの故郷へ帰ったのが明治７年の何月かもわかれば、かなりの精度で撮影時期を特定できると思うのです

が。」

「わかりました。少し時間をください。カッペンが死んだノ
イミュンスターの町に子孫がまだいるはずですので、調べて
みましょう。」

①勝海舟　　②伊藤博文　③大久保利通　④西郷隆盛　⑤西郷従道
⑥陸奥宗光　⑦木戸孝允　⑧大隈重信　　⑨江副廉蔵　⑩岩倉具視

　エミリーは我々の話を聞くよりスマホを立ち上げていて、
何かを真剣に見ている。急に声をあげた。

「このフルベッキの写真に西郷隆盛が写っていると聞いたの
で、いま見ていたの。」

　エミリーはフルベッキの写真とジュリアスの写真を見比べ
ている。フルベッキは幕末に来日したオランダ人の宣教師で
あるが、当時の維新の志士たちに長崎の出島で英語を教えて
いたこともあり、40名近い全国から集まった生徒たちとの有

名な集合写真がある。その中に西郷隆盛と称される大柄な武士が中央に立っていて、元治2年（1865）2月に写真家の上野彦馬が長崎で撮った写真といわれている。

「隆盛の口の所を見てくれる！　上唇は薄くて、下唇が厚く前に突き出しているわ。このフルベッキとジュリアスの写真の隆盛は、同じたらこ唇じゃない？　オーストリアのハプスブルク家でも遺伝的に多いので有名よ。」

　フルベッキの写真の隆盛は丁髷を結って横を向いているが、確かに下唇が上唇よりも前に出て少し受け口になっている。ジュリアスの写真の隆盛も髭で上唇は見えないが、下唇の厚さと突き出し方は不鮮明な写真でもはっきりと同じように分かる。

「よく見ると、二人ともこの下顎が出っ張っているね。」

　私が気がついて発言した。下顎が栗のように突出して、アメリカ映画俳優のカーク・ダグラスの顎によく似ている。顎だけみれば、とても別人とは思えない。

「そうね、これは英語でチン・ディンプル（Chin dimple）という笑窪だわね。」

「確かに、形はよく似ているね。ひょっとするとやはり同一人物かもしれない。」

「茶屋先生、神戸のカメラマンの横井さんも同じことを言っていましたので、詳しく聞いてみてはどうですか。」

「そうしましょう。興味がありますので、一度神戸へ行って

きます。」

「きれいー、見てみて。富士山の後ろに太陽が沈んでいく。」

　いつの間にか雲が切れていた。夕焼けを背景にして、ちょうど赤い火球の太陽が富士山に隠れていく所だった。私はこの集合写真の背後に隠された歴史の闇の重さを落日の太陽に重ねていた。

　翌週末に神戸に住んでいる昔の親友を訪ねるついでに、私は西林先生から紹介された写真家の横井氏を訪問することにした。あいにく雨が激しく降る午後に新神戸駅に到着した。さっそく駅前のタクシーに乗って住所を告げたが、運転手にそんな場所は知らないと言われて、

「ナビに入れて。」

いらついて運転手に言った。

「何区ですか？」

「行く場所は上庄土町、何区だか知らない。」

「区がわからないと、ナビに入れられんで。」

　これだからデジタル時代は困る。いらつきを抑えて、

「俺はよそ者だから、この町はわからないから頼むよ。」

　老年の運転手は大きな地図帖を持ち出して、しばらく調べていた。そして走り始めると車の古いナビに住所を入れ始めた。ほっとすると同時に、先にインプットした私のスマホのナビは区名を入れなくてもすでに目的地に向かって動いてい

た。これがIT社会の現実なのだと、自分で自分を納得させて
いた。

　横井氏のラボは神戸港の造船所地区にあった。きれいなブ
ルー色の３階建てのビルだった。２階の作業所で横井氏は待
っていてくれた。とりあえず挨拶もそこそこに済ませて本題
に入った。
「私は専門家ではないので、ヘルムの写真の技術的な点に関
していくつか質問したいのですが？」
「私は16歳の時から60年間、この写真製版一筋に生きてきま
したので、何でも聞いてください。」
「それは助かります。このヘルムの写真は湿板写真で撮られ
たのですね。」
「そうです、原板のガラス板を硝酸銀で湿して焼き付けをし
ます。」
「その原板なのですが、まだ残っているものでしょうか？」
「それは多分年月がたっているので難しいと思いますよ。湿
板写真の原板は太陽光に当たったり、乾燥すると画像が消え
てしまいますので。皇女和宮の御棺を開けた時に、抱いてい
た夫の将軍家茂の写真が翌日に消えてしまった有名な例があ
りますよね。」
「なるほど、原板は期待できませんか。それとこのヘルムの
写真は２回撮られているらしいですね。」
「写真の背景が違って写っていますから、シャッターは最低

２回切られていて、紙焼き写真は鮮明度から見て８枚ぐらいコピーされていると思いますよ。」

「８枚もですか、２枚だと西林先生から聞きましたが。」

「最初渡された写真はえらく写真がぼけていて、紙焼きを何回もしたようです。それを補正して撮られた直後の写真に戻したのがこの写真です。」

　横井氏から渡されたセピア色の写真は顔や衣服がシャープになってよくわかるようになっている。そうか、ジュリアスは陸軍省で撮られたこの写真の価値に気づいていて、８人の子供たちに１枚ずつあげたに違いない。

「茶屋先生はフルベッキの写真を知っておられますよね。」

「明治維新の集合写真が有名ですから、もちろん知っています。」

「じつは西林先生からヘルムの写真を見せられた時に、写真の西郷とフルベッキの写真の西郷が一致するか、私なりに３Ｄプリンターで複製してみたら、見事に一致したのですよ。私も半信半疑だったので、まさか一致するとは思いませんでしたが。」

「それは興味のある話で、疑うわけではないのですが、そもそもフルベッキの西郷隆盛が本人であるといえないと、ヘルムの写真と一致しても説得性がありませんけど。」

「それは間違いありません。私自身がフルベッキの写真に写っている江副廉蔵の娘さんから生前に直接聞きました。父が

私に木戸さん、岩倉さん、西郷さんの他、伊藤さんも大隈さんも居ると話されたそうです。」

　江副廉蔵の名前は残念ながら初耳だった。

「江副廉蔵はどこにいるのですか？」

「このフルベッキの写真の前列の左から4人目の人です。」

　横井さんが見せてくれたのは人物の顔が鮮明なフルベッキのカラー写真であった。

「彼は何をした人なのですか？」

「フルベッキのもとで英語を勉強してから、アメリカに渡って三井物産の支店長になってタバコを輸入して大金持になったそうです。江副廉蔵の姉が大隈重信の妻になった関係で二人は親しい仲でした。」

「なるほど、これはきれいな写真ですね。横井さんがこのフルベッキの集合写真をカラー化されたのですか？」

「そうです。私がフランスから手に入れた原板をシャープに補正してカラーにしたものです。ここにいる西郷はまだ丁髷姿ですが、この西郷隆盛を3Dプリンターでスーパーインポーズしていくと、このヘルムの写真の隆盛になるのです。

　フルベッキの隆盛は右横を向いていて、左の耳がはっきりと見えます。ヘルムの写真は逆に右耳が見えているので位置がうまく合うのです。実際にコンピュータでお見せしましょう。」

　西林氏は大型のCTディスプレイが置かれた机に私を案内し

た。そしてフルベッキに登場している隆盛の横顔を真正面に向けていき、写真を重ねていくスーパーインポーズのプロセスを種々のコンピュータプログラムで駆使していくと、最終的に別人だったと思われたフルベッキの隆盛はヘルムの写真の隆盛に変身していた。私にはまだ信じられなかったのであるが、横井氏は全く自分の手法に自信を持っていて、両者は100％同一人物であると断言した。

「丁髷時代の時はわからなかったのですが、明治になって断髪をした隆盛はかなりのちぢれ毛だったですよ。」
「そんなことまでわかるのですか。」
「写真の一つ一つの小さなドットを比べていきますから、わかるのですよ。」
　私のような映像技術に無知な人間にとってはすべてが驚きであった。
「隆盛は大男だったと言われていますが、このヘルムの写真を見る限り、そんなに大きな男ではなかったのですね。」
　ジュリアスの集合写真の隆盛は精悍、端正な顔つきで体格はよいが太っておらず、巷間言われているような大男ではないことが気になっていた。
「茶屋さん、それは違います。当時の湿板写真では前後の収差が30％以上あったので、後列の西郷隆盛の顔は縮小されています。それで前列の人物と同じ比率に拡大した写真がこれです」

見せられた写真の隆盛は後列の中では最も背が高く、肩幅も誰よりも広く、ほとんどジュリアスと同じ大きな体格に変身していた。半世紀にわたる湿板写真を手掛けてきた匠の技の真価だった。

「横井さん、最後にお伺いしたいのですが、このヘルムの写真は合成することは可能ですか、例えば西郷だけを置き換えるとかという偽造はできるものなのでしょうか？」

　その瞬間、横井氏は大声で笑った。

「絶対に当時の技術ではありえません。」

「それで安心しました。この写真がもし偽造されていたなら大変なことになりますからね。」

「茶屋先生、西郷を使わなくても、このヘルムの写真が本物であるという証明ができるのですよ。」

「え、本当ですか？」

「証拠はこの乃木希典の顔を見てください。左眼が義眼なのです。」

「え、そんな話は聞いたことがないのですが。」

　私はマジに驚いた。

「子供の時に母親が間違って針仕事の時に、針で乃木の眼を突いてしまって失明したので義眼を入れたそうです。ですからこの分解写真を見てもらえば、左眼だけは変化しませんよね。」

　確かにコンピュータでスーパーインポーズしても左眼は全

く変わらずに同じ形を保っていた。しかし乃木が義眼である
ことは世間に知られていないので、正直本人確認の証拠には
ならないだろうと思えた。

　その時、私は別のアイデアが急に浮かんだ。

「横井さん、ちょっとお願いがあるのですが、このフルベッ
キの写真には乃木はいないのですが、西郷従道と勝海舟はい
ますよね。隆盛と同じシステムでヘルムの写真と一致する
か、トライしていただけませんか？」

「そうですね、面白いですね。少し時間をください。やって
みましょう。」

「ありがとうございます。二人が一致すればフルベッキの写
真とヘルムの写真は両方が本物だと客観的に言えますから
ね。」

　私は笑顔で答えた。あらためて横井氏に礼を言って、迎え
のタクシーに乗った。雨の神戸も全く気にならずに晴れやか
な気持ちで駅に向かえた。

6 西郷隆盛の実像

　東京に帰ってきてから改めて隆盛の肉体的な特徴だけでなく、内面の隆盛の実像にも迫ってみたくなった。

　西郷隆盛の足跡なり信条はいろいろと多く語られているが、まず彼の実像が第三者からの客観的な言葉でイメージできる資料を時系列的に抜粋してみることにした。

（大隈重信座談集）

　昭和19年３月に発行された横山健堂著の「大西郷兄弟」の中に、参議であった大隈重信が隆盛について語った文章があった。

　　西郷隆盛という人は文人でもなければ武人でもない、ただ人情の厚い、涙もろいというだけの人であった。倒幕の際、初めは非常の勢いを以って江戸に向かったのだが、ひとたび勝安房に逢って哀訴されると、その老獪なる舌鋒に致されて如何ともすることができぬ。徳川の末路に同情して果断の処置が取れぬ、彰義隊を征伐することすら躊躇した。

ご維新後にも、紀州人の某とかいうつまらぬ者を用いようとしたが、吾輩が肯かなかった。すると隆盛は激怒し、大隈は小心だ、自己の嫉妬心からしてかような者を用いぬと、遂に抜擢したが、すると半年も立たぬ中に、某は馬脚を現わし失敗してしまった。が、そこが隆盛である、根が非常の正直者であるから、早速吾輩

に向かっておおいに謝していうには、人は見かけによらぬもの
だ、くだらぬ者を採用して大に申し訳なかったと謝っていった。
これが隆盛の長所であり同時に短所でもあった。今日感情の上か
ら隆盛を一番偉いようにいうようになったのはこの点からであろ
う。隆盛をあまり偉く善人にして仕舞うから、自然にその相手を
悪人としなければならぬようになる。

　この大隈重信の回想談に出てくる紀州人の某という人物
は、誰かなと不審だった。しかし、しばらくしてから隆盛が
書いた文書の中に某を発見して私は内心驚喜した。この某は
津田出のことであった。隆盛自身が明治5年2月15日に欧州
巡遊中の大久保利通宛に以下のような報告の手紙を送ってい
たのである。

　　　今一つ案外の事には紀州の津田にて御座候。これほど大功を立
　　て者はご維新以来なく候、利欲に惑い、功名水泡と相成り候の
　　義、残念の至りに御座候。

という書状を残している。

　この手紙は津田が陸軍省との間で、ドイツ教官雇用に関す
る破約条件でかなり揉めたことを隆盛が示唆していると思わ
れる。カッペン以下ドイツ教官たちは廃藩置県になっても、
政府が和歌山藩の軍隊を引き継ぐ以上、自分たちも継続雇用

されると想像していたに違いない。

　しかし政府の考えはカッペン以下のドイツ教官は不要という判断のもとに、本来契約継続交渉だったものが結局解約となり、津田は薩長閥に対する反感も手伝ってドイツ側に立って弁護したに違いない。

隆盛や陸軍省から見れば、もしドイツ教官を雇えばイギリスを始め、他の欧米各国からの内政干渉にさらされるということで、新規雇用に関してはかたくなにノーと言ったはずである。

間違いなく津田は仲裁に入ったが、全面的にドイツ側に正義があると、解約金額が法外でもカッペンに味方したと思われる。その津田の売国的な行為が隆盛から見れば武士からぬ振る舞いと守銭奴的に見えて、人物評価を間違えたという言葉になったのであろう。

しかし、津田は格段ドイツ側の依怙贔屓をした訳ではないようだ。彼は紀州藩が当初フランス皇帝の教師から伝習を受けた後に、歩騎砲工の４兵を保持したことがある。それにもかかわらず、ドイツの兵を学んだのは単に兵制が優れていて、ドイツ兵が強いばかりが理由ではなく、その人間性と国の風俗がフランスよりよほど質朴でいいので、日本人の兵隊もその風潮を学んだほうが善かろうと思ったからだと述べている。

　津田の行動は現代人から見れば当たり前かもしれないが、

西洋的な合理性を基にしたビジネスマナーを、武士道を中心に考える隆盛はまだ理解できなかった。したがって津田は廃藩置県後の間もない明治4年7月29日、大蔵少輔、従五位に勅任されたが病気のために参朝できないと固辞している。

もう一つの隆盛が発言した、「くだらぬ者を採用して」と津田を非難している言葉の意味を深読みすれば、津田の心中に潜在していた薩長政府に対する政権転覆思想をすでに見抜いていたとも思われる。後日、隆盛が政府に反して兵を挙げた西南戦争時には、津田は土佐の浪士と組んで逆に西郷軍を応援しているからである。

大隈の話を続ける。

　　どういうものか薩摩人はよく財を好む、財には甚だケチである。その中において隆盛の如きはまず出色な人であったろう。月給などはいつも弟に大半使われて仕舞う、弟の従道という男がまた非常のズボラで始末に終えぬ。明治の初年の参議の月給は六百円であったが、隆盛はともするとそこらの棚かなんぞの上にでもほったらかしておくと、弟の従道は早速それを頂戴して出かけて仕舞って、姿も見せずに綺麗に使い果たすというような事も珍しからぬ、それを兄の隆盛は格別気にも留めぬ様子らしかった。

明治4年に、岩倉と一緒に木戸、大久保等が全権大使として欧米に行ったあと2年間は、吾輩と隆盛、板垣等が留守居役になり、彼らは共に武人で勢い強い勇者であるが、政治の実際問題の方はあまり得手でない。

午前は皆内閣へ出る、そこへは天子様も御出でになる、お昼前だけはみんなが首を集めているが、お昼になると弁当を食いに行く。それから以後は二人で雑談にふけって一切内閣へは来ぬ。何を話しているかといえば、二人とも好きな戦争話や相撲話、さもなければ魚釣り談で持ち切っている。隆盛は猟銃も色々立派なものを沢山並べている、それに伴う猟犬にも随分金をかけて幾頭も飼っておく。

その他にもまだ下らぬ話にうつつを抜かし、多愛なく語り戯れて半日暮らして仕舞ったものさ、そして雑談が終わると、そのままスーツと自宅へ戻って仕舞ったものだ。

この話も大隈の主観的な感情論で評価されており、私が推測するには大隈が得意とする細かい銭勘定で天下国家は動かぬという隆盛との価値観の相違だったように思える。

隆盛はどちらかというと身仕舞はよかった。身体は、あのとおりの大兵肥満で、さればとて着物などは、普通に小さっぱりしたものを着て、汚れたものなどは着けぬ、勿論、綺麗なものなどを着たわけじゃない、といって決してドテラを着てはおらぬ。ただ自己の地位から見れば、お粗末なものだというだけで、主に木綿物を用いていた。それをだらしなく着こなしていたよ、先ず相撲取というべきだったろう。

大隈重信は辛辣な評価を隆盛に向けているが、どうも個人的な感情論を優先しているように私には思える。もともと西

郷隆盛も大隈のことは評価しておらず、俗吏と見なして嫌っていた。征韓論では対立した関係もあり、お互いの相性は合っていなかったようだ。大隈は閣議で大争論になっている最中に、途中退席しようとして、隆盛から大叱責を食らって、渋い顔をして席に戻ったという逸話が残っている。

　隆盛は弟の従道によく話し聞かせていたという。

　　　大隈重信には教育のことは授けてはならぬ。また井上馨には決
　　して財政のことを任せてならぬ。大隈は心に誠が足らぬ。誠の定
　　まらない者に、天下風教の源であり、かつ人倫の大本を教える教
　　育家の任務を託すべきではない。
　　井上は金を溜めることは知っていても、公私の別のあることを知
　　らぬ。そういう人間に、かくも御皇室の御財政、ひいては国家財
　　政の重任が任せられるものではない。

　このように断言していた隆盛は、やはり人を見る独特の眼力を持っていたに違いない。現に岩倉使節団が外遊中、井上は大蔵省の長官として今太閤とよばれるほどの権勢を振るったが、尾去沢銅山の汚職問題で明治6年に辞職した。また大隈は頻繁にお気に入りの若手官僚を私邸に多数呼んで政治談議をおこない、築地梁山泊と呼ばれていた。
大隈は隆盛の容姿を、身体は、あのとおりの大兵肥満で、お粗末な着物で、相撲取りというべきだったろう、という表現

は隆盛への反感をあからさまに見せていて、このコメントが
あの上野の銅像のモデルになったような気がしてならない。
うがった見方かもしれないが、この銅像ができる1月前まで
大隈が総理大臣に就任していた。俗にいう作者側が大隈の意
向を忖度して制作したかもしれない。なぜなら集合写真で一
緒だった勝安房は隆盛に会った時期が早いとはいえ、全く違
う容姿を表現しているからだ。

勝安房の氷川清話

　　おれが初めて隆盛に逢ったのは、兵庫開港延期の談判委員をお
れが召されて京都に入る途中に、大阪の旅宿で逢った。その時、
隆盛はお留守居格だったが、轡の紋のついた黒縮緬の羽織を着
て、中々立派な風采だったヨ。

　　薩摩屋敷で官軍と談判を開くことになった。当日、おれは羽織
姿で馬に乗って、従者を一人つれたばかりで、薩摩屋敷へ出かけ
た。まず一室に案内されてしばらく待っていると、隆盛は庭の方
から、古洋服に薩摩風の引き切り下駄をはいて、例の熊次郎とい
う忠僕を従え、平気な顔で出てきた。
おれがことに感心したのは、隆盛がおれに対して、幕府の重臣た
るだけの敬礼を失わず、談判の時にも、始終座を正して手を膝の
上に載せ、少しも戦勝の威光で以って、敗軍の将を軽蔑するとい
うような風が見えなかったことだ。

あまりにも有名な江戸城引き渡しの薩摩屋敷における逸話であるが、私が興味深く感じた点は、隆盛が洋服姿で正座をしたまま談判をしたという点である。そんなに短時間に話がついたとは思えない環境の中で、最後まで正座ができたということは相撲取りの体格ではできない相談だと間違いなく言えると思う。だから隆盛は大隈が言うほど肥満で、相撲取りのような身体ではなかったのではないだろうか。

じつは隆盛自身が自分の体調に関して、外叔父の椎原国幹宛に明治6年6月29日に出した手紙に興味深いことが書いてある。

　　先月初めよりまた持病が起きて、もはや不治の病と諦めております。天皇より、ドイツ人のホフマンという侍医を派遣して戴き、治療いたし所、肩と胸の痛みは少なくなり、ようやく快方に向かっております。この痛みは、血路の循環がさえぎられて起こり、破裂の節は中風となる病気だそうです。とにかく手術ができないので、脂肪を除くために二十日間ばかり下剤を飲んで、一日に五、六度腹をくだしていても少しも疲れを感じません。

小網町の自宅ではなく青山の弟信吾の家で、朝暮れは散歩をしております。治療するためには、第一に運動を必要とし、ウサギ狩りをして、雨天には剣術又は相撲を取るか、何か力仕事をいたしております。ドイツでは剣術は人の健康を助けるといわれておるので、剣術を始めています。ドイツ人は雨中でも散歩するらしく、それが強国の理由かと思います。

医師の勧めで麦飯を少しずつ食べて、油気のない鶏肉を食してお

ります。できるだけ米と五穀は食べないようにして、肉は厳禁とのこと。これより二か月も経てば病気は治ると信じておりまので、ご安心ください。

　　六月二十九日

　　　　　　　　　　　　　　　　　西郷吉之助

　　椎原與右衛門様

　原文は文語の候文で書かれているので、現代文に要訳してみた。隆盛の10年近い持病は今でいう中性脂肪過多による血中のコレステロールが血管を塞いで、心臓付近に血栓ができやすくなっていたのではないだろうか。当時は征韓論などで公務は多忙だったはずであるが、この手紙を見る限りかなり安静が必要な状況が見てとれて、大兵肥満の伝聞とは実態が相違している。

それにこの明治6年は留守を預かる隆盛にとっては、ストレスが続く政治的な不祥事が多発した年でもあった。それは長州藩出身の山縣有朋の山城屋和助事件、井上馨の尾去沢銅山事件、槇村正直の小野組転籍事件などの高級官僚による汚職問題が明治政府の屋台骨を揺るがしており、その対応にあたらなければならなかった。したがって鹿児島に帰った隆盛の真の理由は、政治的な問題から来る体調不良と不治の病の療養が目的であったかもしれない。

いずれにしろ隆盛が極端な肥満体であったなら、剣術や相撲

を取ったり、狩猟で野山を駆け巡ることを医者は勧めたであろうか。西南戦争前には身長が5尺9寸余（179センチ）、体重29貫余（108キロ）と講談的に言われているが、食事療法で体重を落とさなければならなかった隆盛が100キロを超す肥満体のままでいたとは、私にはとても思えないのである。

つまり私の推測は写真が撮られた時期には、すでにダイエット中であり、それほどの肥満体ではなかったといえる。

史実として西南戦争の真最中の明治10年に、東京や神戸で西郷隆盛の写真として売られていたプロマイド写真があった。実際は部下の永山弥一郎の偽写真であったのであるが、当時は永山西郷が西郷隆盛本人と信じられていた証拠になる。

その永山自身は長身で口髭をはやして、短髪に頬がこけた端正な顔つきの俗にいい男の写真である。つまりジュリアスの写真の隆盛のように西郷は太った男ではなかったと言えるのではないだろうか。

西郷隆盛と庄内藩

明治8年5月荘内藩の権大参事であった菅実秀は同志7名を率いて、鹿児島の西郷隆盛を訪問、その内の一人、石川静正が当時の印象を残している。

西郷先生は、御体は普通の二人がけたらんばかりの大きさに
て、眉毛濃く、眼は大きく、一見、通常の人とは見えず、木綿の
細縞の単衣に木綿の袴を着け、短かき匕首のようなる脇差しを差
されたり。

　この石川は実際に隆盛の肖像画を訪問地の鹿児島で描いて
いる。私が現地の美術館で見た限りは、従来の写真の隆盛と
は全く別人の顔つきで、頭髪をショートカットにしていたせ
いか、温厚な僧侶という感じであった。
戊辰戦争後に庄内藩は西郷隆盛に私淑して、鹿児島藩と親し
い関係を築く。そのために西南戦争が始まってからは西郷軍
に有志が参加しているぐらい、隆盛とは親しい関係であっ
た。いま思うと石川には顔だけでなく、全身をぜひ描いてお
いて欲しかった。

　明治初期の日本人男子の特徴についての資料が残ってい
る。明治３年３月27日に和歌山藩がおこなった徴兵検査の記
事に、

　本日極楽寺へ年20歳より22歳迄の者480余人を招集し、右身体
の検査を行う。熟視するに概して海浜の者は骨格肥壮雄偉、合格
者多く、山岳者は矮短５尺３、４寸に及びたる者は34名に止ま
り、大半は５尺前後、４尺１、２寸の者多し、甚だしきは３尺９
寸より４尺９寸という。

明治初期の日本人の体格を知る貴重な資料と思われるが、徴兵検査の優である160センチ以上は少数で、大多数が150センチ前後だったということがわかる。その意味では170センチ以上の隆盛は、相撲取りと言われても仕方がないのかもしれない。

本来銅像はその人物の一番恰好の良い姿を彫像にするのが目的と思うが、上野の銅像に敢えて隆盛のイメージをおとしめる悪意を感じるのは私だけであろうか。

　明治10年9月24日、西郷隆盛の最期を当時兵站部長の田中光顕氏の懐旧談による。

　　城山が十重二十重に囲まれていて、そして24日にとうとうこれが落ちたのであるが、その所は道が屈曲していて、突き当りに石垣がある。この所にちょっと衝立のようなものを置いて、その中に皆入って死んでいた。西郷は腰の辺を鉄砲に撃たれて、ここで首を打ち落として上の士族屋敷の所で埋めたのである。

僕はその時、すぐに山縣等と一緒に乗り込んで行ったが、その死骸は山縣も見たし僕も見た。いよいよ西郷に違いはない、西郷は大寧丸であったから間違っこはない。服装は9月24日であったから、皆薩摩絣の単衣物である。そうして帯は兵児帯である。白い薩摩絣に黒い兵児帯を締めて、草鞋を履いて、背には風呂敷を背負って、是から10日も20日も歩けるような扮装をしていた。それから褌は誠に布で、真白いのと赤いのとあった。桐野などは

頭が半分なくなっていた。それから西郷のいた穴の所を見たら、その穴の前に碁盤があって、それに一刀を浴びせてあった。あれなどは好い記念であるがね、そういう所を見た者は、もう誰も居りはしないね。西郷は薄い単衣を着て、茜色の新しい褌を締め、麻緒の草鞋を履いたまま斃れていた。

　この隆盛臨終の話は、あくまでも当時の一般大衆に読ませるための読み物的表現が多すぎて真実ではないと思っている。それに総司令官の山縣も鹿児島に下野してからの隆盛には４年間以上会っていないはずである。だから首のない肥満の死体を見て、また大睾丸だからといってすぐに隆盛だと断定できたのであろうか？　いくら親しくても風呂に一緒に入って、人のペニスを覚えるほど見つめる趣味は私にはないからだ。
巷間漏れ聞くところによると、隆盛の睾丸がフィラリアによって肥大したと言われているが、もし彼がリンパ系フィラリア症によって生殖器が浮腫して肥大していたなら、ホフマン医師に当然その病状を話していたはずである。これまでの感染地は殆どが東南アジアの熱帯、亜熱帯に集中しており、日本で感染したとすればかなり珍しいので、間違いなくもっと話題になっていたはずだ。

　それに陣地に残された碁盤の話もまゆつば物である。隆盛は将棋が好きだったが、碁を打っていたところは誰も見たこ

とがないという。陣中にゆうゆうと碁盤を持ち歩くというのは戦後のレポーターのフィクションとしか思えない。実際に碁打ちだったのは隆盛征討の総責任者となった大久保利通だった。

また広く知られている隆盛の城山最期の描写は、隆盛が鉄砲で太ももを撃たれて歩けなくなり、側近の別府晋介に介錯を頼んで首をはねさせたという。

しかし別府自身がその直後に戦死しており、そばにいた従僕の話からとなっているが、どこまで信用していいのか。死人に口なしの証言だけが独り歩きしている感じである。

　第29代の総理大臣となった犬養毅が西南戦争時の隆盛の行動について、奇妙な記事を残している。

　　　探偵人いずれも桐野の所在を知って、西郷の所在を知らず、ただその土地の風説によって南に在りと、北に住すると、開戦以来、かつてその所在を知る者なし。これ奇中の奇、怪中の怪なるものなり。世人、西郷の末路において、己に各論あるべし。

　この犬養の意見は傾聴に値する。隆盛の終焉についてはいろいろと記述があるが、犬養はそれについてどこまで信憑性があるのか明確にせよと言っているのである。当時の最気鋭のジャーナリスト犬養の、隆盛は本当に城山で死んだのか？という問いかけは無視できないと私も思っている。

従兄弟で政府軍の司令官でもあった大山巌は、鹿児島の浄光明寺に安置された隆盛の屍体と首級を見ることを嫌がって、身をひるがえしたという。つまり本人を識別できる親族でありながら、首実検には立ち会っていないのである。

　以前に書いた拙著の「蓋棺」という庄内藩と西郷隆盛の友誼をめぐる歴史小説では、城山の前に熊本で自刃したと私は想像して書いてみた。なぜならば幾多の末後の話はあまりにも憶測が多く信じられないからである。

　昭和15年11月5日鹿児島西郷吉之助邸にて、末弟西郷小兵衛の未亡人マツ子の直話

　　西郷ドンの容姿は写真よりも良かったようで、眼の太かったこちち相違はごわはんじゃった。西郷ドンな東京に居さいじゃった時に医者から、お前さあはジットして居いやっと中風に罹るような風が見え申さんで少しづつ運動をしやらにゃいき申はんがァ。私学校軍の時でごわすかなァ、和服に袴という扮装で出発にない申した。西郷ドンの死骸は、木棺に寝せやったこつを覚えて居い申さんがァ、西郷ドンの服装は和服の縞物でごわしたが、まだ綺麗にして居い申したァ。

　マツ子はこの時、長く病床についており、果たしてどれだけ正確に当時のことを記憶していたかわからないが、実物の隆盛の容姿はキヨソネの写真よりもよかったとはっきり述べ

ている。それに中風にならないように注意しているところを見ると、やはり銅像の太ったイメージとは違う方が正しいと言えるのではないか。

西南戦争で出陣の時の衣装が和服に袴だったということは、史実で言われているような陸軍大将の軍服は着ていなかったことになる。このマツ子の話が正しいとすると、隆盛の遺体には首もあり、服装も綺麗だったということは城山で戦死する前に自刃して、鹿児島に遺体が戻っていた証言になるのではないだろうか。いずれしろ明治6年に隆盛が下野してからは一時が万事、よく調べるとおかしな事件が多すぎるのである。

　隆盛が2番目の妻愛子に生ませた長男の菊次郎の話として、

　　　今も忘れません。父の眼は全体に大きい方で、それがまた黒眼がちで、それこそ怖い眼でした。眼だけは確かに他と異なっていました。ですから、父に接する人は誰でも両手を畳についたきりで、頭をあげて仰ぎ見られなかったようです。
　　　私が初めて父に伴われて東京に参りました時、出迎えられた元老の誰彼も、やはり同様に頭を上げられませんでした。

　息子は父親の面影を適確に表現しているとよくいう。この集合写真の隆盛像から眼の形状を知ろうと思ったが、写真が

小さいこともあり、よくわからなかった。しかし西林先生から最初に東京駅で会った時に渡された資料の中に、神戸の横井氏が隆盛の顔だけを拡大した写真があることに気づいて、あらためて見直してみた。

どのくらいの時間だろう、それでも1分間ぐらいだった。見つめ続けている間に菊次郎の言うように黒眼が大きく、眼力のある目に引き込まれていた。もしこの写真の人物に眼前で会ったら確かに怖いかもしれない。

昔、私が父と一緒に松下幸之助翁にお会いした時、正直怖くて松下翁の顔を正視することができなかったことを思いだした。松下翁の黒目はそれほど大きくはないが、とにかく怖いのである。すべて自分の考えていることが見透かされてしまうようで、同じ感じを隆盛の顔写真を見つめる間に思い出した。

ただ菊次郎の、眼だけは他人と異なっているとの表現は、他の身体的特徴がそれほど特異ではなかったともいえるのではないだろうか。隆盛の肥満体のイメージはどうも後世強調されすぎて造られたような気がしてならない。

こんどのテレビの大河ドラマは西郷隆盛を主人公にしたストーリーのようである。書店には西郷関係の雑誌や書籍が店頭に並ぶようになっていた。私は何げなく一冊の西郷隆盛の文庫本「西郷隆盛　維新150年目の真実」を書店の棚から取り出して立ち読みをしていた。ペラペラとめくっていると、突然一人の軍服正装姿の写真が目に入った。ジュリアスの写真の西郷によく似ている。写真の下の注釈には西郷従道（宮内庁三の丸尚蔵館蔵）とあった。従道は実弟だけに兄の隆盛と似ていて同然である。この写真は明治12年に天皇の命令で大蔵省印刷局の写真科で撮影されて、天皇に献上されたという。写真の従道も精悍な顔をした俳優の三船敏郎を彷彿させるいい男である。ジュリアスの写真の隆盛とほとんど同じ顔相である。

伝聞を続けると、隆盛は大島で結婚した愛子を島から出して鹿児島へ連れてきたかったが、当時の島の風習からできなかったこともあり、鹿児島で糸子を３番目の妻として迎える。慶応２年の寅年にできた男には寅太郎、明治３年の午年の男に午次郎、明治６年酉年の男に酉三と、誠にわかりやす

い名前を子供たちにつけている。何事にもこだわらない隆盛の気質がよくわかるエピソードでもある。この3人の男子はいずれも5尺8寸（175センチ）以上の長身だったそうである。今であればそれほどの長身とはいえないが、明治の初めで西郷家の男子が皆175センチ以上の身長があれば、やはり大男と表現されたことは間違いないと思われる。

伊藤博文が見た西郷像

　　大まかなことのみを述べるだけで、理詰めで人を説得するようなことをしない。細かいことは言わず最後には一喝する。それで事は決まってしまうところがあった。
　　ある時、伊藤公に向かって、西郷隆盛はどういう人でしたか、とお尋ねしたら、伊藤公は直ちに、お前たちが見たら、従道の方を偉いと思うだろうと答えられた。それだけ言われただけである。

　その時、玄関の呼び鈴がなった。モニターを通して玄関口を見ると、郵便配達員だ。速達便の配達であった。送り主は神戸の横井氏である。封筒を開けてみると、神戸で依頼したフルベッキの西郷従道と勝安房を3Dプリンター写真で修整した後の顔写真だった。顔が正面を向いているので、顔認証のチェックがこれでできる。フルベッキの写真では隆盛の右隣に従道は少し横を向いて立っていたからだ。さっそくアメリカ式の顔認証で両眼と歯までの長さを調べると、ジュリアス

の集合写真と同じ1.0の指数で一致した。従道はこの日、やはり隆盛と一緒にフルベッキの所に行っていたわけである。この認証の結果、ジュリアスの写真の従道は従道本人と言えることになる。

しかし、フルベッキの写真の勝海舟とされる人物の指数は1.0で、ジュリアスや他の現存写真の指数1.37とは大きく違っているので、フルベッキの勝海舟とされる人物は残念ながら別人物だったようである。江副さんの娘さんの発言にも勝の名前はなかったので、多分本物の勝安房はいなかったのであろう。

隆盛の死後、その偉業を継いだのは弟の従道であるが、その言動を振り返ると兄に似ている所が多かったと言われている。「大西郷兄弟」の本から抜粋してみた。

頭山満翁談　西郷従道公は底の分からぬ男

　　岩倉、木戸、大久保などの維新の元勲が死んだ後では、大隈が一世の名望を負って立って居った。その頃の事じゃが、大隈が内閣で、大気炎を吐いて威張り散らしている、内閣諸侯の面々は黙ってそれを拝聴していた。すると従道は、
「ヘイ、ヘイ、貴下は本当に偉い人でごわす、明治何年に何々の仕事をしたのは、貴下でごわす、維新以来の重立つ仕事の、木戸や大久保のした事も皆貴下がしたことであります」
というように、言い出した。それで大隈も堪らんから、

「イヤ、その仕事は木戸がやったのです、それは大久保の功績です」
と説明すると、
「ア、そうですか、私はまた、あまり貴下が偉いから、皆、貴下がした仕事かと
思うて居りました」
と言う、大隈もこれには閉口して、それきり気炎は上がらんじゃった。

あの従道がグッと度胸を据えて決心すると、万鈞の重みがあった。西南戦争に従道が鹿児島軍に投じなかったのは、大久保にとって、どの位力になったか分からん。大久保があれだけ思い切って働けたのは、従道の決心を頼りにして居ったがためであるようじゃ。彼は大きいことにのみ目を着けて、細かいことにはちっとも頓着せん男じゃった。

あれが海軍大臣の時に、自分は何事もせぬ、ただ次官が持ってくる書類に判を押すばかりである。ある時、次官に向かって、
「おれは、こうして判ばかりついているが、日本の海軍は、ちっとは進歩して行くかね」と問うた。

やはり、あれが海軍大臣の時、海軍拡張問題が議会で難しかったことがあった。
「何故に、それ程の費用が要るか、軍艦は何の働きをなしつつあるか」というような質問をして、しきりに海軍大臣の答弁を求め

た。その時、従道は壇上に立って、丁寧に議員に向かってお辞儀
をして、

「軍艦は鉄で作ってあります。そして大砲を打ちます」

と、たった二口言うて、また丁寧にお辞儀をして壇を下った。鼎
の沸くように騒ぎ立って居った議会も、海軍大臣のこの答弁には
呆れ返って、ものが言えんじゃったということじゃ。

従道は書物によって鍛えたものではなかったが、非常な智者だっ
たから、遂に一度も総理大臣にはならんじゃった。

　西南戦争前に頭山は隆盛と共に戦うために福岡で乱を起こ
したが、その機会を逸しただけに隆盛の政敵であった大隈に
対する評価が適確である。

西郷兄弟の名前

　正式の読みは「つぐみち」であるが、世間一般では従道の
名を「じゅうどう」と読んでいた。西郷従道も強いてそれを
訂正しないで自分でもジュウドウと言っていたそうである。
西郷吉之助も隆永「たかなが」に改名しようとしたが、訛り
のためか誤って役人が父親の隆盛と同じ名前を記録してしま
った。そのために西郷はそのまま隆盛を使ったそうである。
兄弟そろって鷹揚な性格であった。

　私にとっても、日本歴史を専門に学んだ学者にとっても、

わからない謎は隆盛が起こした西南戦争の原因であり、そして今に至るまで隆盛の真影の写真が一枚も残っていないという明治維新の謎である。

普通は誰か一人ぐらい家族が、あるいは友人でも、政府が国賊として隆盛の写真の破棄を命令しても、人情から一枚ぐらいは隠匿してもおかしくない。それ故に、もし本当に隆盛が巷間言われるように写真嫌いで写真を一枚も撮らなかったのなら、この集合写真に写っている隆盛の価値は非常に大きいと言えるだろう。

　明治22年2月11日、大日本帝国憲法発布にともなう大赦によって、政府は西郷隆盛の賊名を除き、明治維新の大業が顕著である故の特旨をもって元の官位である正三位を追贈した。しかし、その英雄がわずか12年間の逆賊の罪を着ている間に、すべての写真が破棄されてしまった異常さとは何であったのか？

まして明治31年12月18日に隆盛の銅像が東京上野公園に建てられた時、妻の糸子が除幕された夫の銅像を見て落胆したという。肥満した体に薩摩絣の着流しを着て、兵児帯に小刀を差し、薩摩犬を連れているわびしい姿であった。妻の糸子はあまりにも夫と違う容姿を見たショックで、崩れ落ちそうになる糸子を隣で弟の従道が支えたという。

「うちの夫はこげなお人ではなか」

「それだけは人前で言わないでください」

　この会話は私の作家としての想像であるが、それほど発言のニュアンスは違っていないと思う。じつは式典に参加した時の内閣総理大臣が山縣有朋で、除幕委員長が川村純義であった。集合写真にも写っている二人は、隆盛の銅像のすべてがいかに本人と違っているかは痛いほど知っていたはずである。それだけに陸軍と海軍のトップ二人が決めた銅像に対しては、真実の隆盛を知る家族や将兵が表立って会場で文句をつけられなかったのではないかと思う。

　私は、隆盛の実像を知る敵対者が、あえてこの醜悪ともいえる彫像を建てさせて世間の英雄イメージを下落させようとしたのかもしれないと、邪推している。だから隆盛をいつまでも敬愛、思慕している式典参加者にとっては、最も美しかった彼の実像は自分だけの思いとして、そっと胸の中に隠しておこう。そして虚像を眺めなければならない悔しさと、悔恨も永遠に自分の胸に刻み込んでおこう。隆盛を真に愛した人間は会場でそう思っていたのではないだろうか。

　従道は歌人でもあった。その一句に、

　なき兄の　まぼろし悲し　秋の暮

と詠った。万感の思いを感じさせる名句である。

従道は何度も大臣まで登りつめて衣冠官位を極めるが、西南戦争以降は死ぬまで故郷の鹿児島に一度も足を踏み入れなかったことで、彼の心の傷の深さを推し量ることができる。

　一方、大山巌は歌を唄うことが好きで、饒舌なネアカの軍人であったが、西南戦争後は目立って無口になったという。また知人が西南戦争の起因や状況を大山に聞くことがあると、

　　天狗ぞろいでごわしたからな。

　決まってそう言うと、あとはむすりと口を閉じたそうである。

7　天才児津田出

　そろそろ私は自分自身の仮説をまとめる時期にきたと感じて、これまでのチェックポイントがどれだけ解明できたのか、メモを整理してみることにした。

　第1のチェックポイントは「撮影者は誰か、原板はどこにあるか、紙焼きは何枚されたのか」。

　第2のチェックポイントは「写真の裏に日本人名を書いたのは誰か」。

　第3のチェックポイントは「勲章、飾り緒、写真館」。

　第4のチェックポイントは「和歌山藩の軍制をドイツ式兵制に変えたのは誰か、何のためか」。

　第5のチェックポイントは「明治7年に写真は撮られたのか？　西郷隆盛と大山巌は東京にいたのか」。

　第6のチェックポイントは「和歌山藩兵を引き継いだ8人の将校は誰だったか」。

　第7のチェックポイントは「カッペンの記念写真はなぜ残っていないのか」。

　第8のチェックポイントは「勝安房は和歌山藩に何を貢献したのか」。

これらの8つの疑問が解ければ、この集合写真の真偽
と撮影された日時がより見えてくるはずと考えたもの
の、まだミストの霧中にいるだけで何も実像が見えてい
ないことに焦りを感じてきていた。しかし、よりわかっ
てきたことは明治政府の体制が真に確立されたのは明治
10年（1877）の西南戦争が終わってからであり、このこ
とは隆盛という人物がこの世に姿を消してから始まった
とも言える。それだけにこの知られざる初期の10年間、
特に廃藩置県がなされた明治4年（1871）と征韓論の政
争が起きた明治6年（1873）は新政府存立の核心になる
出来事が続いただけに、その意味では何としても、この
写真の真偽を確かめたいと改めて私は意を強くした。

　翌日、私はメールが西林先生から届いていることを知
って、内心期待をこめながら開いてみた。

「茶屋先生
　カール・カッペンの件、静岡県立図書館で調べてみま
した。調べて分かったことのみをお知らせします。
カッペンは明治4年の5月か6月ごろに日本を発って、
ドイツに一時帰国しています。目的はドイツ人の軍事教

161

官を雇用して、日本に連れ帰ってくることでした。翌年の明治5年の2月5日に横浜港にドイツ人教官6名と共に上陸しています。

ただその時点では、廃藩置県で和歌山藩はすでに廃藩となり、陸軍も解散されておりました。6名のドイツ人は折り返しドイツに帰国しました。カッペンは和歌山藩と交渉して6名の旅費と違約金を補償してもらいましたが、カッペンは日本にそのまま滞在して次の職を探しました。しかし、うまく就職口は見つからずに明治5年末にアメリカを経由して、明治7年に母国へ帰ったそうです。

カール・カッペンの伝記及び回想録が日本語に翻訳されているそうです。探しましたが、見つかりませんでした。この伝記にはもう少し詳しく書かれているそうですので、何か分かるかもしれません。西林」

　私は瞬間的に西林先生に感謝するとともに、自分の予感が正しいことで興奮した。カッペンは雇用契約が満了する明治5年3月の後ですぐに帰った訳ではなくて、その後も丸1年近く日本にいたという事実が分かったことであった。一方ジュリアスの伝記によれば、明治4年の12月にジュリアスは和歌山から横浜へ戻り、翌年明治5

年の日時は不明だがドイツと日本との間の商売を始めようと思い、マルセーユを経由してパリからドイツの故郷シュテテインへ向かっている。ジュリアスと同時期に和歌山藩に勤めたルボスキーとハイトケンペルの二人の靴職人はカッペンの帰国を待っていて、明治5年（1872）6月1日に正式に解雇されるまで和歌山の靴伝習所に滞在していた。二人はその後も日本にとどまり日本の製靴技術の向上に貢献する。

　重久教授の資料によれば、雇用されずにすぐ帰国した6名の軍事教官は下記のような軍人たちであった。
　砲兵陸軍少尉　　プリーペ
　陸軍少尉　　レンツ
　火器技術兵　　シュミット
　騎兵下士官　　ランドフスキイ
　工兵　　　　　ランケン
　軍医大尉　　　プフルークマッハ

　カッペンの日本からの帰国時期がわかったことで、明治7年（1874）の写真にカッペンが関係した可能性はなくなった。隆盛も明治7年には東京にいなかった。それではいつこの写真は撮られたのか、少なくともそれは明

治7年の前になる。隆盛は7年以降も東京へは戻らなかったからである。事前だとすれば、それはいつだったのか？

私なりに調べた範囲では、集合写真に写っている日本人全員が集合できる物理的に可能な期間は、明治4年の9月から10月のわずか2か月の間しかないことを知った。廃藩置県が発布されたのは明治4年7月14日であるから、その忙しい月に集合写真を撮る余裕などはなかったはずである。各自のスケジュールを振り返ると、まず静岡に移転していた勝安房が東京へ戻ってくるのが、9月3日なので、それより早い撮影機会はなかったと思われる。

次に大山はその年の11月12日に海外へ出発しており、乃木は11月24日に仙台へと出発している。したがって写真を撮る余裕のある時間は、多分9月と10月ではなかろうか。しかしこの期間はジュリアス自身がまだ和歌山に常駐していたことになっており、ましてカッペンは船上にいて日本に不在だった。そうすると明治4年の撮影時期の仮説も成り立たないと知って、私は完全にデッドロックに入り込んでしまった。

　しばらく考えるうちに、和歌山時代のジュリアスにと

って重要な人間として、カッペン以外では津田を無視して語れないことを思い出した。この問題を解決するために、やはり当時の和歌山藩の陸軍創成の中心人物だった津田出にスポットを当てなければならない。本来彼の貢献度からみて、この集合写真に参加していてもおかしくなかったし、それに津田はこの頃隆盛自身が最も敬服する人物の一人であった。

私も含めてであるが、ほとんどの日本人は津田出の名前を知らない。また知っていても、何を具体的に明治維新でおこなったかを正確に言える人は少ないと思う。資料として井上右氏が昭和18年に発行した「津田出の実行勤皇」という著書に詳しく当時の和歌山藩と津田の行動が書かれていたので引用してみた。

　明治元年（1868）の正月に鳥羽伏見の戦で薩長土藩に幕府軍が敗れると、時代は急変して徳川御三家の紀州藩も朝敵として江戸幕府と運命を共にする境遇に置かれた。その時に、すでに紀州藩を脱藩して土佐藩の客分となって朝廷に召されていた陸奥宗光が紀州藩主徳川茂承に対面した。そして陸奥は朝廷の嫌疑をとくためには、紀州藩が他藩に率先して維新の精神に立脚する新秩序を整えることであると力説したのである。そこで白羽の矢が立った人物が日高

山中で蟄居していた津田出であった。陸奥が津田に会って
みると、その高邁な識見に触発された陸奥は感激して、す
ぐに朝廷に維新の具体的な建設案を奏上させる。

明治2年6月17日、朝廷は大政奉還に続いて版籍の奉還、
すなわち府藩県の制度の導入を命じたが、実態は全国の旧
藩主が知事に任命されただけで徳川時代の封建制度と大差
がなかった。

その間、和歌山藩の大参事に任命された津田は維新建設の
ひな型になる徴兵制度と郡県制度を和歌山藩に導入して、
その実施に成功する。

　新政府首脳である三条実美、岩倉具視、木戸孝允らは
版籍奉還の窮境を打開する案として、明治4年2月27日
病身を理由にいやがる津田に上京を促して朝廷に召しだ
した。そして5月6日に津田は東京で隆盛の来訪を受け
ることになる。青山権田原の宿舎で津田と会見した隆盛
は、津田の卓越した先見性とその実行力に感激賛同し
て、すでに紀州藩で断行していた維新の大改革案である
廃藩置県と徴兵制を全面的に採用することにした。津田
が日本歴史の舞台に正式に登場してくるのはこの時から
である。

この頃の津田に会った人物が、津田の容貌を小男で少し

やせ形だが、顔は英発で大人らしく、実年齢の40歳より
もずっと老けて見受けられたと述べている。津田は維新
の立役者である隆盛を目前にしても、少しもひるむこと
なく持論の経世済民の思想から維新改革案を開陳したの
である。

　改革を実行するにはまず差し当たり徴兵制を敷き、華士
族の禄を廃して、四民平等をはかり、国の安寧を期せねば
なりません。だが、これは一歩誤ると、華士族の不平を惹
起して、天下動乱の原因をつくる重大問題になります。し
かし、これを断固として行わなければ、将来日本が世界の
上に雄飛することは到底不可能であります。
貴殿がこの改革を実施されんとするなら、まずここに政府
の組織を変更して、朝廷諸侯の内から国外の形勢に通暁し
た上、政治の大識見を有する確かな人物を一人だけ朝廷に
推挙して、首相とする。それに百官を統一させる制度を設
けなければなりません。
思えば、維新の大業は薩長土及び勤皇諸藩の手で成就され
たものであるから、これら諸藩の勢力の均衡をはかる必要
上、一人の首相を置くことはなかなか困難な問題であると
言わねばなりますまい。しかし、ここがいわゆる等しく忍
ばなければ大望を乱すことに通じます。
　津田は自分が手にしていた扇子をおもむろに開いて、

首相というのは、例えばこの扇の要のようなものでござ
る。この要が、ひとたび失われますと、扇はすぐにバラバ
ラになって、その用を達しなくなります。だから一人の首
相を置いて、百官を統べて、行政の統一をはかることは、
政府の基礎を確立するゆえんの道であります。

　この津田の含蓄ある提言の重みは隆盛の胸に突き刺さ
った。その後の隆盛の運命を左右する託宣だとも言え
た。津田は明治政府の派閥争いが避けられないだけに、
内閣には異主義を唱える者を混入させてはならないとも
説いている。現代でも充分に伝わる耳の痛い論点であ
る。

　　圧制とか自由とかいう言葉が、この頃新しく世に行われ
るが、世の中に衆意一致ということは稀なもので、大抵は
意見がそれぞれにわかれる。自由制度というのも多数者の
論が勝って、少数者の論が負ける。やはり少数者は圧制さ
れるのである。
多数の人が少数を圧制するのを自由と言い、少数の人が多
数に勝つと、これを圧制というに過ぎぬ。多数の論が必ず
しも正でないこともある、少数の論が必ずしも邪でないこ
ともある。ただ争いの落ち着きがよいというまでである。
事の善悪にかかわらず、多数がよいといえば、それより他

に落ち着きの道がない。いくら名論でも、少数なれば落ち着きが悪い。多数なれば致し方がない、誰もあきらめがつく故に、多数を主とする自由制度は言い換えれば、ただあきらめのよい政治と称するに過ぎぬのであります。

　明治初期のまだ議会も憲法も、自由民権の言葉もなかった時代に津田は政治の本質を鋭く見抜いていた英才であったことが、この弁舌でよくわかる。隆盛が一度の会見で津田を敬服したことも当然かなと思う。津田の自由という言葉を税金に代えると、間違いなくこの名言が現代にもよくあてはまると感じた。

　　天皇の御親任によって、その地位についた首相の定める主義方針は、決して他の容喙を許さず、一意断行される必要がある。断行力は一見、暴力の形において現れる。しかしその暴を為すことができぬ者は、最後まで仁を為すことはできませぬ。内政革新の断行が外的に発展したものが、四民平等に基礎を置くところの強力な軍隊による道義世界の建設を為すことになる。破邪顕正の剣の発動でござる。徴兵の制を敷く以上は、士華族の禄を廃することもまた、自然の道理でござる。紀州の兵は、強兵であるとは申さぬ。だが日本独特の徴兵法に、ドイツの近代的方式を加味して組織したものでござる。だから士官にその人を得れ

ば、必ず用いるに足る強兵となるものと信じます。

　今日の日本において遺憾ではござるが、なお武力をもって
国内の不慮に備える必要がある。それには真の首相を一人
置いて、百官を統一するべきでしょう。

　隆盛は一言も発せずに聞き惚れていた。後日、津田の
この言葉通りに隆盛は廃藩置県、征韓論、鹿児島での私
学校設立と実行していくからである。津田との会談の
後、隆盛は木戸、岩倉、大久保を口説いて、武力鎮圧を
覚悟した上で廃藩置県を断行させる。しかし、廃藩置県
には成功したが、隆盛が政治家ではなかったが故に、一
人の首相を選ぶことには失敗する。結局、合議制による
政体は藩閥によってまとまらず、明治７年の征韓論の可
否で機能不全となる。ついには西南戦争を起こすことに
よってしか隆盛は解決できなくなる悲劇をもたらす。
幕臣であった渋沢栄一が大蔵省の次官に採用されてから
の回顧録に、隆盛が常に会議中は寡黙で殆ど発言せず、
たまに話す内容も簡単すぎて意味不明が多かったとくど
いている。その意味では隆盛は己を知って、政治家に向
いていないと達観していたようである。
また津田は、国内改革はその第一段階であって、対外政
策に関しても明確な理念を持っていた。欧米列強国の植

民地支配に対抗するためには、まず日本が強大なる経済力を背景とする富国強兵策によってのみ国際社会の指導権が得られると信じていた。そのための第二段階として韓国、中国を含む日本主導によるアジア圏の確立と統治を目指すことを、津田は隆盛に献策したのであった。

隆盛はこの時点では深く津田を信頼していただけに、カッペン以下の他のドイツ教官にも当然信頼感を持っていたに違いない。そうでなければジュリアスと一緒に集合写真を撮る訳はないからである。

　ここでジュリアスの写真に隠された秘密を解くためには、もう一人の重要な人物にスポットを当てなければならない。それは明治政府の主要閣僚の一人となった勝安房である。

維新後、勝と隆盛は敵味方の立場を超えて互いに真摯に腹を割って、本音を言い合える友人同士でもあった。勝と隆盛がこの集合写真に同席していたのであれば、日本歴史の一コマに大きな影響を与えるかもしれないだけに、この写真の真偽は正しく確認しなければならないと、私は改めて真剣にならざるを得なかった。よく調べてみると、二人の接点は実は誰よりも頻繁におこなわれていたことが資料から読み取れる。

明治元年（1868）大政奉還した徳川慶喜は鳥羽伏見の敗戦の後、勝安房守に官軍との和議を命じてから上野の寛永寺に謹慎してしまう。勝は徳川家の存続と慶喜の謹慎解除を条件に、隆盛との会談で江戸城の無血開城に応諾する。しかし長州を中心とする朝廷は勝の意図に反して、徳川家400万石の領土を静岡藩のわずか70万石へと大減封してしまう。徳川家臣団数万人は路頭に迷うことになる。

したがって、徳川家臣団の勝への反発と怒りはすさまじく、すべては勝の責任となって一身でその処理を引き受けることになる。その為に静岡へ無心に来る家臣や、冠婚葬祭代、海外の留学費や小遣いなどの、1両から数百両までのあらゆる元家臣の面倒をこまめにみることになる。いまだに世間にはあまり知られないでいる、勝の徳川家に対する忠誠と苦悩の後半生が死ぬまで続くのである。

江戸から静岡に居を移していた勝は政府の命を受けて、頻繁に東京へ出向かざるを得なかった。明治政府と徳川家の間を取り持つ役目だったから仕方がない。政府は人材が足りないこともあり、勝を新政府に登用しようとした。勝はそれをうまく利用して慶喜の謹慎解除を条件に

兵部大丞に就任するが、すぐに辞意を表明して静岡に戻ってしまう。

しかし勝は自分に代わって、徳川家臣の優秀な人材を続々と新政府に送り込むことに成功する。それだけ幕府には優秀な人材が豊富だったともいえる。榎本武揚、西周、渋沢栄一、前島密、赤松則良、津田真道などのそうそうたるメンバーであった。

　明治4年（1871）の廃藩置県の断行により、静岡藩は静岡県として残り、旧遠江国が浜松県となる。勝はその年の9月3日に東京へ出仕することを命じられて、3年ぶりに参議となっていた隆盛と15日に再会する。そして明治5年5月に元徳川旗本の柴田七九郎2,500坪の屋敷を500両で買って、静岡から東京の赤坂氷川町へ転居する。その年の12月12日にも隆盛と会っている記録がある。

もし写真が明治4〜5年頃に撮られていたとするなら、それは数年ぶりに再会した隆盛と勝の互いの友情の証しとして記録に残そうとした二人の強い思いの表れではなかっただろうか。

　明治5年（1872）2月27日、兵部省は陸軍省と海軍省に分離された。3月7日に勝は徳川慶喜の従四位叙任の

礼を言うために隆盛を訪れている。そして隆盛の依頼に応じて、勝はついに5月10日海軍大輔に就任するのである。海軍卿は空席であったために、幕府海軍伝習所以来の海軍トップの座に再度登りつめることになる。同月には慶喜の近臣だった大久保一翁も東京府知事に任命される。ほとんどこの頃の人事は、実際は隆盛の指図によるものであった。

勝は11月7日に隆盛を訪ねて免職を懇願しているが、結局受け入れられず、この後も2年間に渡って海軍省のトップに在職することになる。

　明治6年（1873）9月15日、岩倉使節団が海外から戻ってきた。そこで隆盛と勝は留守役のトップ同士として、旧交をあたためる懐旧の時を持った。この時、2人はお互いに幕末からの波乱万丈の人生を回顧している。

「よくここまで生き延びてきた。もしあの時に死んでいれば、今の苦労はしなくて済んだ。」

あの時がいつを指すかは二人の暗黙の話でわからないが、隆盛は勝にそう述懐したと言う。多分、江戸城の無血開城の談判の結果、勝は旧徳川藩士から軟弱な和議で手を打ったと、隆盛は薩長藩士からあいまいな条件で同じく手打ちをしたと強烈に非難されたことを思い出して

いたのかもしれない。なぜか二人は同じ境遇の悲哀を分かち合う友人でもあった。特に隆盛は島津藩主から廃藩置県断行に関して強力なバッシングを受けていたので、脳裏にはこの問題がストレスとして続いていた。

　その年の明治６年10月に朝鮮使節派遣の紛争が閣内で勃発した時、勝は海軍制服組のトップとして隆盛とは反対の立場を取る。本音は征韓論の是非より、恩義ある隆盛を死地となるかもしれない韓国へ派遣することに反対したと思われる。

隆盛が岩倉具視邸に押しかけて自身の訪韓の上奏を迫った10月22日には、勝はもう陸軍内の騒擾を収拾できないとみて、横須賀の海軍ドック進水式に出張してその騒動から逃げ出している。

以後、参議兼海軍卿を任じられて隆盛を裏切った形になった勝は、終生隆盛とはその後会うことはなかった。それでも勝は鹿児島に下野した隆盛の身を案じて、明治７年の11月３日には人づてに書状を託している。したがって、もし明治７年にこの写真が撮られていたとしたら、二人は再度会っていたことになり歴史的な史実を変更しなければならなくなる。

　勝は自分の力が政治的に及ばずに、西南戦争で国賊と

して隆盛を死なせてしまったことを非常に後悔していた。かつて隆盛との江戸開城の談判によって、江戸市民100万を死傷させないための無戦に徹したその信念を貫くためにも、勝は西南戦争中には巧みに政府の資金を利用して、旧幕臣の生活を支えることによって彼らが西郷軍に加わることを阻止した。それは隆盛との友情と信頼を無為にしたくなかったからでもあろう。だから後に勝は江戸城無血開城の時を振り返った一首の漢詩を残している。

　官兵城に迫る日　我は独り南洲を知る　一朝機事を誤まらば　百万髑髏と化す

　勝にとっては何と批判されても、隆盛のおかげで江戸市民に損傷を与えなかったことがすべてに優先した。それだけに隆盛が鹿児島に帰郷した後で、陸軍大将の後任の話がでると、勝は即座に「西郷にあらざらば然るべからず」、余人を以って代えがたいと言って、話に乗らなかった。
それが証拠に、西南戦争後に親友隆盛の賊名返上のために非常な努力をしている。隆盛の七周忌が終わると、その息子寅太郎を天皇の侍従として採用させる運動を起こ

している。また独自に「亡友帖」を編纂、出版して、隆盛の留魂碑を自費で建立して追悼した。そのことが契機となってか、明治22年2月11日大日本帝国憲法が発布された時に大赦がおこなわれ、隆盛の罪も許されて正三位が追贈された。

　そして最後のフィナーレは明治31年12月18日の日であった。上野公園で800人が参加して隆盛の銅像の除幕式が盛大に開かれ、勝も参加する。除幕委員長の川村純義の挨拶の後、首相になった山縣有朋が祝辞を読み、勝が除幕式に際して詠んだ3首も披露された。川村がその和歌を代読した後、勝と隆盛の功績をたたえる演説をおこなった。

この時、勝は自分の和歌が下手くそだと自戒して「南無阿弥陀仏　我も老いたり」と述べている。そして銅像に関しては「どうも出来がよくない。下手のようだな」と語ったとか。銅像制作者の高村光雲は隆盛の糸子夫人からも文句を言われて散々だったと思われるが、本人自身が隆盛に生前会ったことがないのだから批判されても困っただろう。

皮肉にも勝があの世で隆盛に再会するのは、この日からわずか1か月後の明治32年1月19日だった。死因は心臓麻痺により自宅で急死した。享年77歳の喜寿を終えたば

かりであった。

　翌日まだ夜の明けない早朝、私はこれまでの自分の予測、想像、妄想、直感などのすべてを白紙にして、初心に戻ってもう一度写真だけを見つめ直そうと考えた。何か別の新しい発見を思いつくかもしれない。ベッドの中の布団のぬくもりに浸りながら、写真の前席に座っている4人に視点を向けた。
椅子に座っているということは、通常は客人なり、主客、または上司が座るのが常識である。写真の左からは川村純義、勝安房、ジュリアス・ヘルム、そして西郷従道である。写真が撮られたと思われる明治7年頃の時点では、勝は海軍大輔、川村は海軍少将、従道も陸軍少将であった。前席に勝と川村を座らせた理由は海軍軍人が陸軍省を表敬訪問したから、席を譲ったと考えれば不自然ではない。従道は本来後ろに立つべきであったが、兄の隆盛はなぜかジュリアスの真後ろに立った。それにはなにか理由があったはずだ。

　或いは集合写真で立つか、座るかを判断する条件に身長がある。身長が高ければ後席に立ち、低い人間を前に座らせるのが慣例である。確かに大山を除く背後の3人は皆身長がそれなりに170センチを超している感じであ

る。実際のところ、乃木、山縣、隆盛は当時の平均身長よりも高かったのは事実なので、写真とは相違していない。

　しかし、その時私の脳裏に急に疑問がわいた。勝安房は当時海軍軍人だったにもかかわらず、なぜ軍服を着ていないのか。背広は当時でも礼装であるが、民間人が着る服装である。はたして海軍のトップは平服でもよかったのか？　そこで私は勝が軍服を着ていない理由の一つは、まだ新政府の軍人に就任していなかったからかもしれないと感じた。

さっそく海舟日記を調べてみると、勝は明治5年5月10日に50歳になってから正式に海軍大輔の職を承諾しているのだが、それ以前までは新政府が用意した官職に実質就任することを辞退し続けていた。

明治4年の10月1日の日記には、西郷隆盛と大久保利通から仕官を固辞し続けていて叱責を受ける記述がある。勝はその返事として「殷の祖民は周に仕えず、悠々寛容す。周の徳は屈従と云うべきのみにて」と答えている。徳川の臣が明治政府に仕えることは屈従したということになると、断り続けているのだ。

もし写真が明治7年に撮られていたら、当時海軍卿とし

て海軍のトップだった勝が軍服を着ずに平服の背広でいたことは、隣の川村が軍服を着用しているのに兵服の規則違反にならなかったのだろうか。しかし、勝が静岡から東京に出てきた明治4年の9月3日から翌年の5月9日までの間は、とりあえず民間人としてまだ平服でいられたはずだ。

それではジュリアスも和歌山藩の軍事教官でありながら、軍服を着ていない。なぜだろう？　しかし、この疑問はすぐに解決した。ジュリアスの上司であるカッペンが軍服を着ずに背広姿で乗馬しながら教練をしたと記録されており、現に日本の士官達との写真でも彼だけが背広姿のままである。カッペンは本国の陸軍では単なる下士官にしか過ぎなかったので、軍服を着ることによってその階級がわかることを恐れたに違いない。したがってカッペンはジュリアスたちにも背広姿を強要したと思われる。

　私は布団の中にいながら、夜明けの近いことを感じていた。なぜか日が明ける前は大気が急に冷えてくる。部屋の壁を通じて寒気を感じた時に、勝の上着は背広でなく外套を兼ねたコートであることに気づいた。ジュリア

スもダブルボタンの厚いオーバーコートのような物を着て、頑丈な革靴を履いているではないか。

そうか、この写真が撮られた時はすでに寒い時期で、エミリーが指摘した暖炉の絵だけのスタジオでは当然暖房も効かずに外套が必要だったのだ。旧暦なら秋の季節としても、新暦では2か月近く違うことになるので、火の気のない室内は真冬の寒さだったかもしれない。写真が撮られた時期は年末に近かったのではないか。

それから最初に東京駅の丸善でエミリーと一緒に西林先生と会った時を思い出した。帰りの車の中で写真を見つめていたエミリーの一言がいま気になっていた。

「この写真の大山、山縣、従道の3人だけが、体の向きがカメラを向いていないの？　みんな、カメラから何か飛んできても大丈夫なように真ん中の隆盛の方を向いて守っているみたい」

「いま、車を運転しているから着いたら、ゆっくり見てみるよ」

「これきっと、この白い飾り緒をつけた人が偉かったのよ」

「そうかな、隆盛は写真が嫌いだったと言われているから無理やり撮らせた？　まあ、考えすぎじゃない」

私はエミリーの話を受け流してしまっていて、今日ま
で忘れていた。改めて写真をよく見ると確かに3人の体
の向きはカメラを向いていないし、視線は間違いなくカ
メラのレンズを見ていない。なぜだろう？　エミリーの
言うように、本当に隆盛をカメラから護衛していたの
か、廃藩置県実施の頃なら暗殺の危険は常にあったの
で、万一を考えて周囲を警戒していたのだろうか。

　違う！　この写真のカメラの焦点はジュリアスとその
背後にいる隆盛だということに気づいた。隆盛とジュリ
アスは真正面を見つめたままであるが、それ以外の人物
は視点がすべて斜めになっているではないか。やはりこ
の集合写真の日本人の中では間違いなくジュリアスの背
後に立つ人物が最高位を意味している。ならばこのメン
バーの中では隆盛以外はあり得ない。横井さんの話によ
れば、当時のカメラは視角と焦点距離が極端に狭かった
そうだ。だから主賓とホストは一直線上にいなければな
らなかった。それでも収差の理由で顔と姿の大きさが、
前席と後席では3割も縮小してしまうと述べていた。

　撮影時期を推定する前に、別のことが気になった。ジ
ュリアスを陸軍省に招待したのはそもそも誰だったのだ
ろう？　和歌山から帰ってきて、その3年後にまた呼ば

れた陸軍とジュリアスの人間関係とは何だったのだろう？

ジュリアスのポートレートには、1877年（明治10）に短期的であるが日本政府の外国人お雇いのアドバイザーとして、牛乳の製造と販売に関する仕事を手伝っているとある。多分ジュリアスの農業経験を政府が買ったのであろうが、この事実は和歌山藩の軍事教官を辞めた後も、なんらか陸軍とのつながりが継続していたことを意味するかもしれない。弟のアドルフは外国語の教師として、文部省とは関係があったはずだ。和歌山藩の軍事訓練を明治３年に視察に来た西郷従道が、その縁で特にジュリアスを陸軍省に呼んだ可能性は高い。

　そこで私はもう一度従道の人なりや性格を調べることにした。いろいろな個性を感じられるユニークな人格であったことは間違いないようである。隆盛自身が明治７年に部下であった同郷の山本権兵衛（後に海軍大将）に、弟の従道の人なりを話していた。

　　信吾、三男従道は吉次郎、次男と違い、少々小知恵がある故、お話のようなこともあると思うが、されどもいやしくも国のため一意専心御奉公をなす大儀は決して忘れておらぬはずと確信いたすことなり。

この言葉は当時山本が従道の奔放な行動に納得できない事柄を、隆盛に直接聞いた時の答えであると思える。後日明治20年になってから、山本は同じ質問を海軍大臣であった従道本人に直接したようである。その質問とは下記のようなものであった。

　第1の質問は、征韓論の際に、何故に隆盛と進退を共にしなかったのか？

　第2の質問は、台湾征討の際に、大久保利通氏より長崎出港に先立ち、出発を見合わすべしとの命令があったにもかかわらず、出発して台湾に向かったのは、先に征韓論の時、東京に居残った不名誉を回復して、兄の意を迎えんとの意思ではなかったのか？

　第3の質問は、隆盛引退後の政府の政策はすべてうまくいかず、かえって非常の騒動を起こし、すなわち政府の措置のよろしきを得ずして、遂に隆盛をしてかのような西南戦争の終焉を見るにいたらしめたことは、深く遺憾とするところではないのか。

　維新の大業に際し、隆盛の手足となり、共に国家に尽くされた人々が隆盛の引退を傍観しながら何ら施すところなく、不知不識によって救うことができない境地にいたらしめたことは、東京に居残った諸氏の罪ではないのか？

これらの質問に対して従道は素直に答えている。

　第1の問に対しては深く論及をすることを欲しなかった。
自分は山縣と共に欧州に留学し、いかにして維新大業の基
礎を確立すべきかと、日夜憂悶しており、いまだにその解
決案を得ることができない。当時岩倉一行が帰朝するや、
まず内政を改革し、財政を整理して、しかる後に進んで朝
鮮に対する処理をなさんとした。この考えは当を得たもの
と自分は思った。特に兄を朝鮮に派遣することは、あたか
も死地に送ると同様なので、あくまでこれを阻止すること
は国家のため適当な策と信じた。
　これより先に政府に於いては、すでに内決上奏して御裁可
を受けたことではあるが、岩倉公一行の帰朝を待って、再
議の上決定を待つ事になっていた。
　しかし内閣首席代理の岩倉公からは、いかほど議論を重ね
ても到底満足な結果を得ることは不可能であった。されば
辞職して帰国するしかないと兄は決心した。
　兄は絶対に近衛隊が動揺することを望まなかったために、
急遽帰国せざるを得なかった。そのため兄自身の意思を親
しい同志の人々に伝えることができなかった。私のように
兄の真意を熟知する者は、有力な諸氏を勧誘して彼を引き
留め、兄を単身独自の立場に置かないように努力したけれ

ども、ついにその目的を果たすことができなかったことは
遺憾極まりないところである。
　自分も終始兄の意見に反対したものの、最も縁故深い自分
ごとき者までもが兄と共に進退しては、陛下に対し奉り忠
誠を欠く恐れを痛感し、踏み止まったもので兄もまたよく
これを諒解していた。

　この言葉から推測されることは、従道が兄、隆盛の反
乱を引き留めようと必死であったことがよくわかる。結
局、兄弟が分かれたのは戦国の時代からの家を守るとい
う西郷家の伝統美からなのかもしれない。

　　第2問の台湾征討事件に対しては、長崎出張中、大隈重
信氏より備上げ外国船問題につき、大久保利通氏が長崎に
着くまで待てとの電報を受領したものの、先発軍隊はすで
に出発抜錨した後にて、いかんとも為し難し。後発部隊も
続いて出発しなければ、国家の面目に関する重大問題とな
るので、自分は全責任を負って、断固としてこれを実行し
た。私は大久保氏の到着を待ち熟議の上、直ちに乗船征台
の途についた。
台湾問題終了後、私は鹿児島に帰省して親しく兄に面会し
て、彼が政府引退後の政情世務に関して詳細に陳述し、充
分に諒解を求めた。兄は自分の事に関し、叱責されること

はなかった。

　この台湾出兵に関しては木戸が強烈に反対して参議を辞任している。その理由は大久保や大隈は隆盛の征韓論に反対しておきながら、１年も経たぬ間に台湾へ出兵するとは甚だしい矛盾だと、木戸は怒って辞めたのであった。その為に大久保はあわてて出兵を止めようとしたのだが、従道はその裏をかいて電報は自分だけが長崎港に留まれと解釈したので、軍隊はすでに出港させたと大久保を煙に巻いた。隆盛引退後の政府を仕切ったのは大久保利通であった。従道は兄を敗死させた大久保とは、ことさら問題を起こさないように気をつかっていた。しかし、西南戦争直後の明治11年５月14日に大久保は紀尾井町で暴漢の凶刃に倒れる。
皮肉にも最初に現場に駆け付けたのは官邸にいた従道であった。彼は大久保の首を貫いていた短刀を引き抜き、遺体を自分の馬車に乗せて大久保邸まで運んだという。兄を倒した政敵でもあり、同郷の朋友でもある大久保が西南戦争後の１年も経たずして、このような非運に遭遇するとは従道にとっても全く信じられない現実であったに違いない。

惨劇に会う１時間前に、大久保は参朝前の自邸で福島県令の山吉に遺言となった話をしていた。

　　　西南戦争が終わってようやく維新の盛意を貫徹できる時機が到来した。明治元年より10年に至るを１期とする。兵事多くして、すなわち創業時間なり。
　　　次の第２期の10年は最も肝要なる時間にして、内治を整え、民産を殖するはこの時にあり。

　確かに維新の三傑といわれた西郷隆盛、木戸孝允、大久保利通は結果として、維新創業時の役割をそれぞれよく果たして３人とも第１期中に亡くなるのである。
　第３の質問の返答は従道からは特段になく、山本は従道の意中を推察して、深くこれを追及しなかったと言う。多分、当時の政権の閣僚批判につながることを危惧して従道も口をつぐんだのであろう。西南戦争が勃発した時、世間は従道の動静に注目したが「兄と戦場にまみえんのみ」と喝破したきりで、平生と少しも変わりはなかったというエピソードが残っている。
　台湾征討が中止電報で紛糾したこともあるが、従道に対する大隈重信の感情も決して好意的ではなかったようで、下記のような大隈の従道評も残っている。

従道は猛将にもあらず、智将にもあらず、謀将にもあらず、天性の大将にして、将に将たる器を有するものなり。従道は台湾征伐の外、かつて自ら戦場に出たことなく、山縣有朋のごとく軍政に功労があるわけでもない。されども山縣は大将としては遠く従道に及ばない。従道の最も尊いところは、無邪気にして野心がないところである。彼は人と功を争わず、名を当世に求めず、超然として得失利害の外に立つ。これはその器の偉大なる所以にして、じつに世間稀に見る人物なり。従道は無能無為なれども、よく物を容れる。あたかも貧乏徳利のごとし。貧乏徳利は酒も容れ、酢も、醤油も容れることができる。隆盛は滑稽にして愛嬌あり、老人も喜び、小児も喜び、婦人も喜ぶ、これまた貧乏徳利なる所以である。故に大将たる器は総じて貧乏徳利的なり。

　貧乏徳利の意味は従道が大酒豪で、どんなに飲んでも乱れたことがないことを比喩している。大隈一流の毒舌で先に人をもち上げておいて、後で落とす人物評価である。
新聞記者の石川半山が従道と長時間の談話をした時に、

　　従道は人の話を聞きながら、適当な切れ目に「なるほ

ど、なるほど」と言われるが、それはその説に感服しているのではなくて、他人にその意見を語り尽くさせるためであったのが真相だと言っている。聞き終わってから、時には寸鉄の一句でもって、ガンというほど叩きつけられることもあったという。

彼は円転滑脱を旨として、いささかも人と争わず、よく人言を容れるけど、往々にして人の意表に出る言動をなして、人の肝胆を寒からしめる。故に伊藤博文なども、従道が「なるほど、なるほど」と謹聴している時は、決して油断ならぬと言っている。世間はそこで彼に「なるほど侯爵」という異名を与えたぐらいである。

ジュリアスは彼の人生を通じて、和歌山藩時代以外は直接日本軍関係の仕事をしておらず、その意味ではカッペンとは異なるビジネスマンだったと思われる。したがってこの写真が陸軍省で撮られたとしたら、その関係性はやはり廃藩置県時の引継ぎ業務にあるとしか考えられない。多くの人からジュウドウと愛称で呼ばれていた従道のフレンドリーな性格から、ジュリアスとジュウドウは親しくなっていたのかもしれない。二人の交友関係が詳しくわかれば、また違った視点が見えてくるように思えた。

8　審判

　現実に警察の刑事係などでは、事件が混迷したり、わからなくなったりした時は現場に戻れというのが鉄則らしい。現場には何か犯人が証拠になる物を忘れていたり、犯行現場にまた戻ってくるという習性があるからである。

今回の西林さんからの依頼は別に写真の真偽を確かめるだけで、刑事事件などではないのであるが、ミステリーを解明するシャーロック・ホームズになったつもりで、再度この写真を発見したジュリアス・ヘルムのひ孫になるレスリー・ヘルムの「Yokohama Yankee」を読み返すことにした。何か新しい事実がわかるかもしれないという希望だった。

　1992年、私は養子縁組の代理店からの返事を待つ間、父親の家から持ち帰ったカード入れの箱から、いくつもの古い写真を引き出した。箱は年代もので柔らかくなっていた。しかしモノクロの家族の写真はどれも細部まで鮮明だった。生き生きとした家族や親戚はきれいなドレスや着物、背広を着て飾り立てていた。

ある晩、偶然に一枚の写真を見つけた。曾祖父のジュリアスが、かしこまった軍人たちとグループの中心に緊張した顔をして座っている。最初大きく強健で、もじゃもじゃ髭のドイツ人が私の曾祖父であるとはどうしても思えなかった。痩せた軍人たちは軍服に紐つきのメダルを胸に差していたが、スタジオの背後に描かれた暖炉はとても本物には見えなかった。

沢山のジュリアスの写真の中から、この写真が日本の歴史の中で重要な役割を果たす証拠品になることは後で知った。この人たちは誰なのだ？　私は元の写真からコピーされた写真を裏返した。裏側には明治天皇の在位7年、1874年と書かれていた。それと写真の人物の名前が併記されていた。

しばらく後の土曜日、私は一人で書斎に座って百科事典を前にして日本の歴史を見つめた。そして写真の名前を調べて驚愕した。曾祖父が座っているまわりの人物たちは近代日本の創始者であり、英雄たちではないか。

写真の左側に立っているのは乃木希典だ。彼は1905年のロシアとの戦争で勝利を収めた。近代化したアジアパワーが最初に西欧パワー打ち破ったのである。1912年に乃木が明治天皇と共に殉死した時、軍神として国民の英雄になった。儀式に基づいて乃木夫婦が自刃したのは、その8年前に58,000人もの日本将兵を死傷させた二百三高地の包囲戦の恥辱からであった。

乃木の左側にいる大山巌は、現代日本の国歌「君が代」の詩を選定した人物である。右端に立っている山縣有朋は国民皆兵制と日本陸軍の近代化にプロシャの軍制を導入した。ジュリアスのちょうど背後にいるのは西郷隆盛で、近代日本の偉大な英雄である。彼は若い天皇を補佐して、250年続いた将軍家を打ち破り、徳川幕府の終焉をもたらした。日本が封建制を廃止して西洋化を採用した時、隆盛は新政府に対して武士階級からの反乱を起こして敗死する運命をたどる。その話は「ラストサムライ」の映画でドラマ化された。

私は自分が発見したことに懐疑的だった。その一つは写真の中の若き日の隆盛が歴史書にある写真とあまりにも違いすぎることで

あった。その矛盾を感じながら、この写真が真実であることを望んだ。私の先祖は普通の外国人ではなく、別格であったと信じたかった。もし先祖の家族たちがいくつかの重要な貢献を日本に果たしたのであれば、ヘルム家の長い歴史にもっと誇りを持つ事ができるだろう。

　写真を最初に発見して調べ始めたひ孫のレスリー・ヘルムも、やはり100％真実かどうかは信じられなかったようだ。今となっては写真の真偽は歴史の闇の中に消えてしまったのであるが、この写真が東西架け橋のロマンチックな一コマとして後世の人々に想起してもらえれば、ヘルム家の子孫たちも満足なのではなかろうか。
しかし私、茶屋二郎は日本人として結論を出さずに歴史ロマンの夢の中に、この写真をほうむらせることはできない。そこで私は全く別のアプローチを取ることにした。つまりこの隆盛が本人かどうかの是非を問う裁判だと想定してみたのである。
ここまで私なりに調べた証拠や史実の資料から、この写真の人物が隆盛であるという判定を求めた原告者とするのである。その時、判事がどのような判断を示すだろうかという新しい検証アプローチである。

　私は親しい一人の女性弁護士にこのアイデアに関して相談をすることにした。彼女は弁護士になる前はエンターテイメ

ントの世界で仕事をしていて、それから司法試験に受かった女性弁護士である。法曹界では変わった経歴を持つ弁護士だった。

　私は仕事が終わった頃に、彼女を銀座の居酒屋に連れ出すことに成功した。私が顧問弁護士を依頼している関係からか気安く時間を取ってくれた。

「先生、実は今日は仕事の件ではなくて、いま手掛けている写真の真偽を法律的というか、司法の観点からなら、どう解釈するかを相談したいのですが。」

　彼女は仕事のかたわらで私が歴史小説を書いていることをよく知っていたので、さほど驚きはしなかった。

「どんな話かしら？」

　彼女は日本酒好きな酒豪でもある。割烹のカウンターに二人で並びながら、彼女はかなりややこしい私の長い話を揉め事の依頼主から聞くように、熱燗の徳利から手酌をしながら忍耐強く聴いてくれていた。そして鋭い質問が私の説明が終わる頃に飛んできた。

「この写真の裏書を書いた人は誰ですか？」

「この写真を西林先生に紹介したヘルムのひ孫のリチャードは、わからないと言っている。」

「この日本字は女性の字のようね。」

「なるほど、日本人の女性がこのタイプ名を日本語にしたのかな。でも最初は手書きだったと言うから、ひょっとするとヘルムの奥さんのヒロが最初に日本語で書いた名前を、ジュリアスが後で英語にタイプした？」

「裁判ではこの裏書のポイントはすごく重要になると思うの。ヘルム自身が自筆で書いたなら間違いなく証拠として採用されるけど、他人が書いた、或いはタイプされたとすると信憑性はかなり低くなりますから。」

「という意味は？」

「このタイプ名を打った人が、日本語を書いた時に名前を間違えたとか、全くこの軍人たちを誰だか、知らなかったと言えるので。」

「そうか。」

　これまでどちらかというと写真の真偽を追究していたが、写真の特定の人物の入れ替えが技術的にできないとすれば、裏書の名前を単純に書き間違えた可能性もある。やはり弁護士が見る視点は違うなと私は感心していた。

「スマホのウィキペディアでいま調べてみたら、レミントン社が1873年（明治６年）の３月に商業用のタイプライターの生産を始めているから、ジュリアス自身が名前をタイプした可能性もあるね。古い写真の人物の名前は、その場にいた当人しか普通はわからないからね。」

「それもそうですね。それと原板がどこにあるかはわかりませんか？」

「それも全くわからない。外国人カメラマンだったら、原板は海外に持ち出されている可能性が高い。陸軍省のカメラマンが撮っていたとしたら、すでに原板は消滅されたか、まだ陸軍省の地下の倉庫に眠っていたらいいけどな。」

「お酒をもう一本いただけるかしら。」

　私は少し不利な状況に置かれた被告のような気分で、カウンター越しの板前に今度は冷酒を注文した。

「それと確認したいのだけど、このタイプで打たれた名前はSAIGO　JUDOになっていて、つぐみちではないわ。」

「それは、本名はつぐみちなのだけど、読みにくいので当時の人は皆、ジュウドウって呼んでいたようだ。」

「それはすこし証拠になるわ。」

「ジュリアスの伝記には、この写真のことは書いてないの？」

「残念だけど、何も書かれていない。」

「変だわ、写真だけが伝記とは別にあったわけね。」

「そうらしい。」

「この写真がジュリアスにとってはとても大事な写真だとすれば、自分の伝記に書かなかった理由が何かあったはずわ。それと問題はこの大山巖さんね。明治7年には間違いなく東京にはいなかったということなら、この人は大山巖ではないわ。この大山の他の写真は残っていませんか？」

　私はすぐにスマホで大山巖をサーチした。大山は長命だっ

たこともあり、老年の写真は数多く残っていた。彼女はそれ
らの写真を一目見るなり、

「この人は大山じゃないわ。絶対に違う人よ。」

　そう言われれば、記念写真の大山巌は若くても、老年の大
山元帥の顔写真とはあまり似ていない。

「確かに、よく見れば似てるとは言えないね。そうすると、
この人は別人ということかな？」

「この裁判に勝つには、この人が誰かを探すことね。」

　もっとも厳しい弁護士先生のご託宣が酒を飲みながら出
た。写真の大山は誰なのか？

彼女は充分に日本酒を飲んだようで、満足の体だった。

「茶屋さん、タイプを打った人はミステークをしていなかっ
たかもしれません。つぐみちを通称のJUDOと打ってますから
ね」

帰り路を新橋駅まで一緒に歩きながら、彼女は独りごとのよ
うにつぶやいた。私は冷たい夜風にあたっていても、少しも
酔っていないことに気づいた。

　家に帰ってから彼女のコメントを参考にして一つの仮説を
考えついた。写真の大山巌は巌ではないとすれば、しからば
誰なのか？　私は大山巌に近い人物、すなわち同じ大山とい
う姓名の人物が隆盛の身近にいたのではないかと想像した。
例えば、ジュリアスが大山に会った日、彼は「大山」と姓名
しか名乗らずにいた。そこでジュリアスは後で陸軍省の別の

将校に大山の名前を聞いた。教えた人間は大山巌と思い込んで、それは巌だとジュリアスに告げた。そこで彼は写真と名前をよく確認しないで写真に書きつけたかもしれない。普通日本人は紹介された時に、姓しか言わないから同姓の人間がいた時は、外国人は区別ができなくて混乱してしまうのは事実だ。

　私はまた明治維新人名辞典を引っ張り出して、大山姓を探した。そうすると大山巌、大山綱良の二人の後に、履歴の解説が少ない大山という姓の人物がいたではないか。それは「大山彦八」というなじみのない名前である。履歴を読めば、なんと巌の長兄であり、従兄弟になる隆盛と共に幕末に活躍する同じ薩摩藩士であった。彦八が歴史に名を残したシーンは、坂本竜馬が伏見寺田屋で襲撃されて負傷した時に、薩摩伏見屋敷にいた彦八が救出に向かい庇護したという実話である。

戊辰戦争中はなぜか後方勤務となって、彼は歴史の表舞台から消えてしまう。もともと戦をする侍というより行政マンだったらしく、いつも裏方に徹したようである。明治3年になって長く薩摩伏見邸の留守役だったこともあり、京都府大参事に任命される。それから埼玉県の大参事に転じて、明治6年の征韓論の政変後、官を辞して隆盛と一緒に鹿児島へ帰国する。そして西南戦争直前の明治9年2月に42歳で病没している。

そうか、彼は隆盛の裏方として信頼があって、一緒に下野したぐらいであるから、ジュリアスの写真が撮られた時にも一緒にいたかもしれない。しかし、それを証明するにはやはり写真が必要だ。顔さえ見れば一目瞭然に判明できるはずだが、ネット上には大山彦八の写真はどこにも掲載されていなかった。

たまたま私の友人で埼玉県知事の仕事を手伝った友人がいたことを思い出した。さっそく電話をすると、面白がって埼玉県の県政図書館で調べてくれた。

しかし、大山彦八の大参事としての記録は残っているが、写真はないという返事を数日後にもらった。

やはり明治10年以前は特別の場合を除いては、写真を撮ることはまだ稀であったのであろうか。残念ながら諦めるしかない。明治の元勲さえ、老年になってからの写真しか残っていないという事実は、若き日の写真を望むことは無い物ねだりなのかもしれないと思った。

じつはこの大山彦八の父も大山彦八という。実際は隆盛の父も同じ隆盛という名前でややこしいのであるが、そもそも隆盛の父の弟だった彦八が大山家に養子に入っている。だから実質全員西郷家の一員である。大山彦八は安子との間に長男彦八、次男巌、そして三男誠之助の３人の男子をもうける。安子は隆盛の五女であるから実質近親結婚になる。誠之助は陸軍少尉として近衛隊にいたが、やはり明治６年に隆盛

と一緒に下野する。西南戦争には隆盛の長男、西郷菊次郎と共に西郷軍として参戦する。だから大山の姓名を名乗る人物は隆盛のそばに３人いたことになるのだ。そして誠之助の妻は隆盛の長男菊次郎の妹のお菊であった。

　もし写真の大山が彦八でないとすると、巌の弟の誠之助も候補者になる可能性があるが、陸軍での階級がまだ少尉であった。記念写真の軍人の階級は少佐以上の将校だと思われるので、撮影のグループには入れなかったと考える。残念だが大山巌の不在問題は最初から最後まで解決できないように思えた。私は最後にもう一度ジュリアスの写真の大山巌を見直した。

その時、急に大山の右耳がきれいに写っていることに気がついた。特徴のある耳であった。その耳介の形は大きく、特に耳穴が大きいのである。耳介は成人してからも殆ど変わらないのと、遺伝をするのでDNAや血液鑑定が普及する前には親子鑑定などによく使われていた。現代でも北朝鮮の金正恩の影武者と本人の耳朶が違うということが言われている。そういえば数週間前に友人の画家の個展が椿山荘で開かれていて、見学に行った時に、たまたま最近何を執筆しているかと聞かれたので、ジュリアスの写真を見せながら西郷隆盛についての話をしたことがあった。

「茶屋さん、大山巌の後妻の捨松について書かれた本の中に、確か若い時の巌の写真が載っていたよ」

「それは助かる、大山の若い時の写真がないのでね」

「それじゃ、さっそく送ってあげるよ」

　数日後、その画家の友人が送ってくれた「鹿鳴館の貴婦人」という本をすぐに開いてみた。一つの写真は明治５年に大山がフランスに留学している時で、もう一枚は捨松と結婚した明治16年頃の写真が本に載っていた。運よく後者の写真には左耳がはっきりと写っている。ジュリアスの写真は右耳なので、左右は違っているが、耳の形状と耳穴の大きさは殆ど同じように見えた。結論はよく似ているといえる。このジュリアスの写真がやはり大山巖本人に間違いないとすると、やはり撮影時期は明治７年でないことが断定できる。

それはそうと、私がエミリーから写真を渡されてからもう３か月以上になる。そろそろ結論を出さなければならない時期だ。弁護士先生からは写真の西郷隆盛が隆盛でなければ、出版する意味はないと別れ際に言われた。確かに隆盛でない写真を証明した本などは誰も興味を持たないだろう。

そうするとこの本を出版する限りは、この集合写真に写っている人物はやはり隆盛だということを証明しなければ、読者の興味を引かないはずだ。しかし、だからといって、唯我独尊的な推論で強引な結論を出すわけにはいかない。そこでこれまでの調査の結果として、第三者からの反論を受けても大丈夫なような客観的な事実関係だけをまず列記してから後に、この隆盛の写真が真正であるか、偽物かという推論を出

したいと考えた。

　明治2年（1869）の夏にドイツ人ジュリアス・ヘルムは日本の横浜にアメリカから渡ってきた。弟のアドルフが遅れて、その年の暮れに横浜に来日する。

明治3年（1870）になって、ジュリアスとアドルフはドイツ総領事のフォン・ブラウンから和歌山藩の軍事教官になることを勧誘される。7月に船で神戸を経由して、和歌山へ到着する。現地で先任のドイツ教官カール・カッペンのもとでジュリアスは工兵科の教官、アドルフは歩兵科教官兼カッペンの副官として、和歌山藩の津田出に採用される。

明治4年（1871）7月14日に廃藩置県が発布されて、和歌山藩兵は即日解散させられた。ジュリアスとアドルフも解雇される。引継ぎ業務を終えて、その年末に横浜へ戻る。

明治5年（1872）、ジュリアスはドイツとの商売でヨーロッパに渡航する。時期は不明である。一方アドルフは日本に残って外国語の私塾を始める。

時代は飛んで平成4年（1992）に、ひ孫のレスリー・ヘルムがロスアンゼルスの自宅で、この記念写真を発見する。裏書に日本人7名の氏名が手書きとタイプされていた。

```
1874 MEIJI 7NEN    RIKUGUNSHO
              刀木  希典      大山  巌
STANDING:   NOGI MARESUKE OYAMA IWAO

            SAIGO TAKAMORI YAMAGATA ARITOMO
            西郷   隆盛            山県  有朋

SITTING:川村 KAWAMURA SUMIYOSHI KATSU AWA  勝  安房
         JULIUS HELM SAIGO JUDO.
                    西郷   従道
```

　以上が記念写真に関連するエビデンス（証拠）といえる。

　次に、この写真の主人公ドイツ人ジュリアス・ヘルムの人生を振り返ってみると、どうしても何か日本と強いつながりを持つ運命があったと考えられる。

もし彼が中国行の船に乗ってしまっていれば、彼の人生に日本はなかっただろう。そうであれば日本人のヒロと結婚することもなく、横浜で家族を持ち、商売もしていなかったはずである。さらに日本に居たとしても当時のお雇い外国人としての特別な境遇を利用して、金を儲けることはできただろう。その後カッペンのように故郷へ戻って錦を飾ることもできたはずである。しかしジュリアスの子孫たちは敢然として日本の横浜と神戸に住み続け、事業を通じて立派に東西の架け橋となった事実は何らかのミッションがヘルム家にあったからと私は信じている。その大きなジュリアスのメッセージがこの記念写真を通じて伝わってくるのである。

　そんなスピリチュアルな感覚でジュリアスと写真を結びつ

けるのはおかしいと言われる人が多いとは思うが、逆説的には大多数の人生が物理や数学の方程式のように理論的に進むなら、世界中からとっくに貧困や不幸は消えていていいはずである。しかし現実は違う。偶然とか、たまたまうまく成功したとかいう理屈ではない理屈で成り立っていることの方が、現実には圧倒的に多いと私自身の人生を振り返っても思えるのである。

　それでも多くの人は、この写真が存在するに足る証拠がない限りは信じないと言うに違いない。私がメモしたチェックポイントが下記にあるが、残念ながら判明したのは写真の真偽に関係ない歴史的事実だけであった。

　第1のチェックポイントは撮影者は誰か、原板はどこにあるか、紙焼きは何枚されたのか？
　答：撮影者は不明、原板の所在は不明、紙焼き2枚がアメリカのヘルム家の子孫から発見された。
　第2のチェックポイントは写真の裏に日本人名を書いたのは誰か？
　答：書き手は不明、写真の裏にタイプ名と手書きの日本文字が残っていた。日本字は女性が書いたものらしい。KAWAMURA SUMIYOSHI の日本語だけが川村とだけしか書かれておらず、純義の名前は書かれていない。日本語を書いた人物はSUMIYOSHIの字を知らなくて書けなかった可能性がある。山縣も字が県になってい

る。縣と県の字の違いを知らなかったようだ。

第3のチェックポイントは勲章、飾り緒、写真館

答：勲章は旭日章であるが、勲何等かは写真からは判別が
つかない。多分少佐以上の階級で、勲5等から勲3等
の物と思われる。ただ歴史的な制作年度からみて明治
7年以前とは考えにくい。飾り緒は参謀のみが着用。
写真が撮られた場所はビクトリア風の建物内と思わ
れるが、陸軍省とは確定できない。

第4のチェックポイントは和歌山藩の軍制をドイツ式兵制
に変えたのは誰か、何のためか？

答：津田出がドイツ式兵制を採用させた。薩長藩に対抗で
きる軍団を保持するためであった。

第5のチェックポイントは明治7年に写真は撮られたの
か？　隆盛と大山巌は東京にいたのか？

答：明治7年は隆盛が東京に不在で写真は撮られていな
い。隆盛の上京した証拠はない。大山巌は海外にいて
明治7年10月3日まで日本に不在だった。

第6のチェックポイントは和歌山藩兵を引き継いだ8人の
将校と、大佐は誰だったか？

答：不明。明治4年までは大山巌と乃木希典は大佐であっ
た。

第7のチェックポイントはカッペンの写真はなぜ残ってい
ないのか？

答：不明。明治7年にはドイツへ戻っていた。

第8のチェックポイントの勝安房は和歌山藩に何を貢献したのか？

答：勝が明治3年閏10月9日に和歌山知事殿へ鉄砲持たせ遣わすと海舟日記に書いている。

ほとんどのチェックポイントがまだ不明で、証拠的には非常に少ない。多分裁判になれば、原告は証拠不充分で敗訴するケースと思われる。一番の証拠になるはずのジュリアスの伝記に写真や陸軍省のことが少しも書かれていないのが致命的だ。ただ紙焼きの写真しか残っていないということは、写真の人物と伝記の関連性がなかったと疑われても仕方ない状況である。

しかしながら、それでも私の結論は写真が真正であると思いたい。それは日本人の多くが知っている歴史的な偉人たちを一堂に集めて、それも陸軍省で撮影されたという事実である。しかし写真が実在したからといって、その登場人物がタイプに記された人物と一致するかは別問題である。仮にジュリアスが悪意を持って、この写真の人物たちの名前を偽装したとしても、まだ日本に来て日の浅いジュリアスが記念写真に登場する日本軍の高官たちの名前をどのようにして探し出したかは大いに興味のあるところである。またこれらの要人同士の相関関係をどうして探り当てたのかを考えると、偽証は外国人にとって殆ど不可能に近い作業といえる。

わかりやすい例で説明するならば、私が仮に自宅で150年前のアメリカ陸軍省でアメリカ人７名と曾祖父が一緒に写っている写真を見つけたとしよう。

私は当然写真の裏に書かれたアメリカ人の名前は知らないので、誰だかはわからない。多分それらの名前を百科事典なり、ウィキペディアで検索するだろう。そして私はそれらの人物の履歴を知って驚愕することになる。

例えば、アメリカの建国の歴史で有名な大統領のジョージ・ワシントンが、写真の中央に写っていたとしたらどう感じるであろうか。そして彼を囲んで見たこともない数人のアメリカ人がいる。それらの人物が後日、大統領や南北戦争時の将軍になる若き日の姿だと想像できるだろうか。

それが、曾孫のレスリー・ヘルムが発見した写真の置かれた当時の状況であり、立場であったのだ。そして発見者のレスリーの知らないところで、先祖の誰かがこの写真に著名な日本人の名前をつけてタイプしたとしても、その人物名が正しいか、間違っているかは発見者のレスリーには当然判断はつかない。

このような状況下でも、写真の人物が詐称されていたとすると、根本的な矛盾が発生する。写真の軍人たちは全員別人になってしまい、すべてがジュリアスの錯誤であったという結論になる。

　そのような意味で歴史の批評家は、この集合写真は西郷隆

盛と大山巌が不在だから本物の写真ではないと簡単に断定するが、逆にこの二人が誰であるかを知らないで、写真の存在そのものを否定する方が我田引水と私には思える。また隆盛は目が大きく肥満体だったから、この写真とは容姿が違うので、本人でないとする曖昧な独断と偏見による判断も同様に正しくない。

なぜならば、よく考えて欲しい。これまで日本を含めて、どの国でも政府が正しい報道や正確な歴史認識に基づいて教科書を作り、新聞社やテレビ局が広報したからと言って、事実を隠して偏向報道したことはなかっただろうか。戦前はもちろん、つい最近の日本でさえも、お隣の国々との歴史認識では大きな差異があって、互いの国民感情を憤怒させるぐらい過去の歴史はまだ不確実で曖昧模糊としているのだ。

エジプトの4千年前のミイラの身元を探す学者たちを徒労だと笑う人もいるが、残されたミイラや考古品は嘘をつかないと皮肉りたくなる昨今である。したがって事実は変えられないし、変えるべきではないが、疑わしいから真実ではないという教条的な意見も私は否定する。

　特にジュリアスの集合写真を検証していて、もっとも私が興味深かった点は被写体の構成メンバーである。再度強調することになるが、この7人の人物たちの名前を日本維新史に深い造詣がなくて、相互の人間関係と時代背景を知らずに無意識に選定することは不可能に近いと私は信じる。すでに私がこの一枚の写真を検証する資料として、原稿用紙250枚も書

ける内容があった訳で、仮に第三者がこの写真を有名にさせ
ようとする作為的な偽証意図があったとしても、ランダムに
ピックアップできる人名構成ではないことだけは強調した
い。

それ故に結論として、特に登場人物の人間関係から鑑みて現
在海外にいるジュリアスの子孫たちがとても勝手に選べる人
材ではないのである。

　エミリーと西林先生に会って、私の最後の結論を話したい
と考えて携帯でナンバーを打とうとした時、急にひらめい
た。

間違いなく写真は実在する、しかも被写体の人物たちはすり
替えられていない。なぜかといえば西郷隆盛の側近で親戚で
もあり、埼玉県知事まで務めた大山彦八の写真さえ残ってい
ない。つまり当時は写真を撮ること自体がまれな時代に、7
人もの軍人の集合写真が撮られたという事実は、全員が無名
の一般人とは違う高官であるということを意味している証拠
なのだ。

だから一番の問題は撮影時期だ。これまで検証してきた具体
例の中で、ジュリアス以外の日本人全員が撮影可能な時期は
明治4年の秋であった。だからこの仮説を証明するには、あ
とジュリアスが東京へ来たという事実があれば認められると
いうことに気づいた。

　カッペンが日本にいない間、すべての引継ぎ業務はジュリ

アスの双肩にかかっていた。廃藩置県は全国同時に施行されたので、担当将校にすれば和歌山藩はその何百分の一でしかなかった。そうだとすれば引継ぎを担当した将校たちが何度も和歌山に行ったとは考えられない。だから代わりにジュリアスが和歌山から上京した。一回でも東京の陸軍省を訪問したことがあれば全員の撮影は可能だったといえる。

いずれにしろジュリアスが一度も東京の陸軍省に呼ばれなかった、或いは行く用事がなかったとは到底考えられない。会社に例えれば、本社の担当役員が毎回和歌山支店に出張したとは思えないし、通常は部下である支店長が業務の進捗状況を本社に報告に行くのが常識である。当時支店長代理はジュリアスだった。

この仮定が正しければジュリアスは上司のカッペンが不在中に、明治4年（1871）の秋頃に所轄する工兵隊の引継ぎの報告を兵部省にするよう命じられた。そして単身で上京する。その当時、陸軍省はまだ誕生していないので兵部省陸軍局であった。明治4年の9月に陸軍局の中に参謀局が設立されている。
西郷隆盛はその時点で参謀局を担当していたので、彼だけが参謀の飾り緒をつけていた。その時に担当将校たちと撮った写真がこの集合写真ではなかったのか。奇妙なことにジュリアスが真実を伝記に書かなかった理由は、やはり前に推論したようにカッペンの指示がないにもかかわらず、工兵隊を政

府に引き渡さざるを得なかったからだと思う。そして集合写真は事前に意図されたものではなく、たまたまジュリアスが陸軍局に行った時に本意でなくて撮られた可能性が高い。

したがってジュリアスは引継ぎを勝手に進めた証拠写真になる撮影の件を秘密にしたかった。そのためにはカッペンがドイツから日本に戻ってくる前に、ジュリアスは彼と会わないですむようにドイツへ逆に旅立ったとは考えられないだろうか。ジュリアスは伝記に明治4年の暮れにカッペンが帰って来た時に、和歌山で会ったと書いているが、実際にカッペンが帰国したのは明治5年の2月だった。ここでジュリアスは伝記に虚偽の証言をしている。

そして明治7年頃にジュリアスが日本へ帰ってきた時には、カッペンはドイツの故郷へ帰ってしまっていた。結果として二人はお互いに行き違いで会えなかった可能性がある。

　ドイツから帰国後、ジュリアスは陸軍省で一緒に写真を撮ってくれた軍人たちが偉くなったことを知った。それで彼らと同席できたことを誇りにして、写真の裏に彼らの名前と、今年は「1874 MEIJI 7 NEN RIKUGUNSHO」と書きつけた。しかし、実際に写真が撮られた1871年である明治4年の出来事はジュリアスの記憶から意識的に抹殺されていた。

その原因は1874年（明治7年）の春に、明治天皇の真影写真の回収命令が出たことを知って、1874年以前の軍高官たちの写真も没収されることを恐れたからと思われる。学校の歴史の教科書にはこの明治天皇の真影写真の回収の話は出てこな

い。したがって、多くの日本人がいま見る写真は明治天皇の
実像を撮った写真だと誤解をしている。この事実を証明する
出来事が「明治天皇記」の明治7年11月5日の日記に書かれ
てある。

　　　天皇、皇后の尊影を宮中に掲げんと議あり、ミラノの画工ジュ
　　　ーセッペ・ウゴリーニをして、明治6年10月の御真影により
　　　て、これを謹写せしむ

　この記述が意味するところは、実際に明治6年10月に撮ら
れた天皇、皇后の写真をもとにイタリア人の画工が銅版画に
彫刻した画像を、再度写真に撮ったという意味である。だか
ら我々がよく知っている明治天皇の肖像写真は実は銅版画な
のである。教科書などに出てくる馴染みのある西郷隆盛の写
真も彫刻師キヨソネが作成した銅版画を写真に撮ったもの
で、本人の実像写真ではない。
　この時、明治天皇の忠実な臣として私淑する西郷が取った行
動は、多分自分の写真があること自体が大いなる天皇への不
敬と感じて、ジュリアスとの写真も含めてすべて撮られた写
真は廃棄したのではないかというのが私の推測である。
　その背景は当時隆盛を最も頼りにしていた明治天皇が、彼の
写真を希望したという事実であった。その時、他の多くの高
官が自分を美化し、尊大で虚飾にまみれている写真というも
のを、臣下として献上することは天皇に対して恐れ多いとい

う気持ちを持ったに違いない。

この明治6年の時点で隆盛自身の実写真は何枚か実在した
と思われる。それを証明する明治4年9月14日付けの手紙が
現存している。この書簡は大久保利通に宛てたもので、「お
約束の写真を差し上げ申し候」と書かれてあり、隆盛自身の
写真を意味していると思われる。また翌年の明治5年2月15
日付けの海外使節旅行中の大久保利通への手紙には、写真に
対する心境が変化した興味深い印象が述べられている。

　　貴兄の写真参り候ところ、如何にも醜態を極め候、もう写真撮
　　りはお取りやめくださるべく候、誠に気の毒千万に御座候

外国から送った洋装姿の大久保の写真が見るに堪えられな
いと感じた隆盛の痛烈な批判文である。したがってこのよう
な心境に変化した隆盛が、天皇に順じて自分の写真を自ら廃
棄したとしても少しも不思議ではない。このような背景から
考えると、明治7年に新たに隆盛が写真を撮ることを望むは
ずはなく、ましてこれまでの写真がすでに廃棄されたとすれ
ば、やはりジュリアスとの記念写真が撮られたのは明治7年
ではなく、明治4年頃が適切と私には思える。いずれにしろ
撮影時の真実を知り得たのは、和歌山時代から一緒だった弟
のアドルフだけであろう。だからひょっとするとアドルフは
この写真のコピーを持っていた可能性がある。小宮ヒロと結
婚したのは明治8年のことで、ジュリアスはヒロにも集合写

真の撮影時期の話はしていないと思われる。

だから、当然この経緯を知らないジュリアスの兄弟や子供たちは1874年に写真が撮られたものと信じて疑わなかった。伝記もジュリアスが死んだ後で、弟のカールがリライトしたもので、生前には誰もこの写真が撮られた詳しい経緯を聞いていない可能性が高いのである。

　ジュリアスは子供たち全員に写真を残したにもかかわらず、なぜ話をしなかった、或いは伝記に書き残さなかったのであろう。すべての秘密の鍵がここにある。つまりジュリアスは話さなかったのではなく、話せなかったのである。それは写真の主人公である西郷隆盛がまさか反逆人になって、写真が軍から強制的に没収されるような時代がくるとは想像もしなかったのだ。かといって大事な青春の思い出であるこの和歌山時代の写真を陸軍省に戻すことはしたくなかった。だから彼は机の引き出しの奥にでも写真をしまって、家族にも秘密にしたのが真相だ。ジュリアスは自分の死後に、まさかこの写真の明治７年の日付が真偽の問題になるなどとは夢にも思っていなかっただろう。

　いろいろと問題点も絞れてきたので、次回は西林先生が住んでいる静岡で打ち合わせをすることにした。

あいにくエミリーは山形へ仕事で出かけていて、私は独りで新幹線に乗って静岡駅へ向かった。改札口で西林先生は待っていてくれた。

「茶屋先生、お待ちしていました。あいにく私の家は山の上で、ここから１時間ばかりかかるので、私の学校がすぐですので、そこで話しましょう」

学校は駅から車で15分ぐらいの閑静な場所にあった。校庭では女子高校生らがソフトボールの練習に打ち込んでおり、黄色い若い声がグランドに響きあっていた。

私が男子高時代に通っていた古くて暗いトンネルのような校舎と違って、モダンな明るいデザインの校内で、若い男女学生が互いに談笑している光景を見ると、素直に現代の学生時代はいいなとうらやんだ。私は少し昔に戻って華やいだ気分になって、放課後の学生たちがいない図書室で西林先生と向き合った。私は単刀直入に本題から話を始めた。

「それではいろいろと試行錯誤がありましたが、今日はジュリアスの写真について、私が考えた真相をすべてお話ししたいと思います。まずこの写真の真偽ですが、技術的な観点からは神戸の横井氏の全面的な応援を頂いて、この写真は間違いなく真正だということが言えます。

写真は湿板写真で撮られているので、部分的な偽造や改造は一切できません。ですからジュリアス本人が写っている以上、他の人物も全員実在の人物だったということになります。一番の証拠となる原板は長く保持できない性質なので、現在では消滅していると思われます。

　次に写真の裏に書かれた西郷隆盛の名前の人物が本物の隆

盛かという点ですが、現存する写真が一切ないということで、横井氏の協力でジュリアスの写真とフルベッキの写真の隆盛とを３Ｄプリンターの技術で比較することにしました。幸運にも二人は同一人物と判定できる画像認識の結果が出ました。フルベッキの写真に隆盛が同席していたという江副の証言もありますので、ジュリアスの写真の隆盛も本人だと推定できると思います。

　それから写真に明治７年と書かれてある問題点ですが、この年には西郷隆盛が東京の陸軍省に来た証拠がありません。従って結論的には明治７年に集合写真は撮られていないということが言えます。その証人としてフランスから同じ年の10月３日に帰国した大山巌と、また台湾から12月７日に帰国した西郷従道が、それぞれ隆盛の再上京を依頼しに鹿児島へ行っていることです。さらに東京に居た勝安房が11月３日に隆盛宛の書状を人づてに手渡しています。ですから写真の隆盛が別人でなくて真正の本人ならば、記載された日付が違っていることになります。日付が違えば、隆盛が鹿児島から内密に上京したという仮説を立てる必要もなくなります。

　そうすると、なぜジュリアスが写真の日付を誤記、または修正したのかという理由と、それではいつ実際に写真が撮られたかの日時を推測する必要があります。ジュリアスが撮影時期をずらした理由は、上司のカッペンが日本に不在中の明治４年の秋頃に、この集合写真が撮影されたからだと思われます。明治５年の初めに日本に戻ったカッペンはジュリアス

が独断で和歌山藩兵の引継ぎ業務を済ましたことを知って、人間関係が大きく壊れてしまった。或いは不仲になるのを避けて、ジュリアスは事前に外国に出張してしまい顔を合わせなかった。

　それらの理由で、ジュリアスは集合写真の話をカッペンにできずにいて、また撮られた写真も秘密にして見せていなかった。」

「なるほど、そういう考えは思いつきませんでした。」

　私は自分の仮説を整理するために、西村先生の反応を無視して、そのまま話を続けた。

「仮に明治４年に写真が撮られていたとすると、なぜ1874 MEIJI 7 NENと写真の裏にジュリアスが書いたかという理由が問題になります。考えられる一つの理由は、ジュリアスが外遊から日本に帰ってきた1874年に、ゆっくりと思い出深い写真を整理する過程で、その時の年を写真の裏に書きつけた。或いは明治６年の政変で隆盛が失脚したことを帰国してから知ったジュリアスは、この明治４年に陸軍省で撮られた写真は政治的な問題に巻き込まれる危険があると直感的に思って秘密にした。」

「そうすると茶屋さん、ジュリアスの明治７年の日付が違っていたので、1871年の明治４年なら隆盛も含めて全員が間違いなく、この写真撮影の時には居たということが結論として言えるのですね。」

「そうです。私が独断で予見した撮影時期は、明治４年の10

月前後だと推理しています。勝安房が９月に静岡から東京へ戻って来て、この頃から隆盛と勝は頻繁に会っています。ただ11月20日からは大山が海外へ出発してしまいますし、乃木もこの月末に仙台へ赴任しているので、撮影時期はその前だと思います。」

　西村先生が大きくうなずいて、

「なるほど、さすがに茶屋先生ですね。見る視点が違う。でも、どうしてジュリアスは写真を撮ったことを自分の伝記に書かなかったのですかな？」

　これは鋭い所を突かれたと思った。写真の存在と伝記がつながらない核心の点だからだ。

「まず写真は陸軍省の前身である兵部省で撮られて、原板は軍のカメラマンの所にあったはずです。しかし西南戦争後、隆盛は国賊となり、写真と原板は焼却された。だからこの集合写真に写っている７人の人物たちも持っていた写真を廃棄したに違いありません。しかしジュリアスは外国人だったので、写真を隠してうまく官憲の追及を逃れたのでしょう。したがって晩年になって書かれた伝記だけに、ジュリアスは陸軍省で撮られた写真のことは書けなかったのです。」

「なるほど、そうだったのですね。」

「明治維新の日本は現代の我々が想像するのとは、やはり全く違う日本だったのでしょう。丁髷姿の侍が刀を持って歩き回り、何か不測の事態があれば、ジュリアスも銃で対抗しなければならない環境だったことを想像すると、自分の行動次

第では容易に命にかかわるシリアスな事態を招くと、不安に
なっていたでしょう。

現に明治7年8月11日には、函館でドイツ代弁領事のハーベ
ルが秋田県の士族によって殺害されている。そう考えると、
とても原板をジュリアスが持っていたとは思われませんし、
その証拠に子供8人に写真を渡そうとして、この紙焼き写真
からコピーしたためにひどく画質が落ちてしまいました。い
ずれにしろ写真が撮られた背景を知らせることは自分も含め
て、家族にも危険が及ぶ可能性があったので秘密にしたので
はないでしょうか。」

「ジュリアスは明治政府建国の秘密を知りすぎた、お雇い外
国人だったというわけですね。」

　そこで私は誰にでも簡単に話ができないことを最後に話す
ことにした。

「その秘密に関することですが、明治政府は明治7年の春
に、なぜか明治天皇の過去に撮られた写真を所持、複製する
ことは不敬であるとして発禁にしました。日本中の写真館か
ら6種類ぐらいあった天皇の写真が強制的に回収されたので
す。」

「1874年と同じ年ですね。」

「そうです、それを知ったジュリアスは明治4年に撮られた
自分の写真も没収されるのではないかと恐れて、明治7年以
降に新しく撮られた写真にするために、明治7年とあえて書

きつけたのが真相と思われます。」

　西林先生はすべてを納得したように声を出して笑った。

「それではこのいきさつを早速、リチャードとレスリーに連絡しましょう。何て言ってくるか楽しみです。」

「昨年の暮れにこの写真をエミリーから見せられてからの、この数か月の勉強は私も楽しかったですよ。これで明日からはゆっくり寝られます。」

　笑いのうちに、西郷隆盛の写真事件は一件落着したようだった。

　帰りの新幹線の席で、私は自問自答していた。エミリーは自分が企画を持ち込んだだけに大ヒットする小説になると信じきっているのではないか。文壇バーのママたちは色恋の話がないことを知ったら、数ページで本を閉じて睡眠薬にしてしまうだろう。ヘルム家のリチャードやレスリーたちに読んでもらうには上手な英語に訳さないと私の推理は理解してもらえないだろう。はたして維新の歴史に詳しい翻訳者はいるだろうか？　何人の読者が面白いと言ってくれるか、どの出版社が手を挙げてくれるだろう？　支離滅裂にそんなことを考えるうちにいつの間にか寝てしまっていた。

　私は歴史学者でもない、単なる日本歴史に好奇心の強い作家にすぎないが、ジュリアス・ヘルムが残した一枚の日本軍人たちとの集合写真の背後には、私が知らなかった多くのス

トーリーが隠されていた。カール・カッペンとジュリアス・ヘルムが当時もっとも進んだドイツ方式の軍制を和歌山藩兵に導入、教練した結果、その将兵の多くは後日、新生日本軍の下士官となって活躍した。また津田出と陸奥宗光によって導入された日本最初の徴兵制によって、急速に日本軍の兵数と戦力が大幅に増強されたことは間違いない。

改めてこの写真の意義を考えると、隆盛の実像写真が残されているだけでなく、廃藩置県以後の日本の進路をこれらの軍人たちが担ったという事実が貴重だと考える。その中心人物であった隆盛は完全な士族制度廃止のために西南戦争を敢えて起こし、四民皆兵による日本軍の近代化の重要性を身を挺して、山縣、大山、川村、従道、乃木の後輩らに教えたともいえるのではないだろうか。

その意味において、この写真のいくつかの疑問点は歴史学的にまだ解明できないが、間違いなく真正の集合写真の一枚であったと断じたい。そして、日本国民の誰でもが知りたいと思っている隆盛の真実の顔が、ここに公開されたことは意義深いことと信じる。

また写真が撮られた時期や、その理由の推測は事実とは違っているかもしれない。しかしながら、この写真に登場したすべての人物は明治維新の大業を果たして、今日の日本の礎に貢献してくれた偉人たちである。特に富国強兵の国策の正しさが証明されたのは明治27年（1894）の朝鮮国の覇権を巡る日清戦争で、当時アジアの大国であった清国を軍事力で圧倒

して勝利を収めたことに尽きると思う。もし日清戦争で負け
ていれば、日露戦争もなく、日本はまた植民政策を取る欧米
諸国に伍していく夢は断たれていたに違いない。

　そして、その一翼を担った人物たちは奇遇というか、当然
というかジュリアスと一緒に写真を撮った彼らであった。日
清戦争開戦時の外務大臣は陸奥宗光、陸軍大臣は大山巌、海
軍大臣は西郷従道、陸軍大将山縣有朋は第一軍司令官とな
り、乃木希典は第一歩兵旅団長として旅順要塞を１日で陥落
させて、抜群の戦果を挙げるのである。ただ勝海舟だけはい
かなる時にも不戦という信念を貫いて、朝鮮出兵と日清戦争
に反対した。

　いずれにしろ写真の登場人物たちがそれぞれに大活躍し、
明治政府の屋台骨を支えた功績を再確認させてもらったジュ
リアス・ヘルムとヘルム家のレスリーとリチャードの子孫た
ちには素直に感謝の気持ちを捧げたい。そしていつの日か、
この写真の中の隆盛が真の西郷隆盛として正式に認知される
日が来ると信じて私のペンを置きたいと思う。

　突然呼び出し音が鳴った。携帯を取るとエミリーだった。
「茶屋先生、いまロスにいるの。また面白い話があるの、日
本に帰ったらお話しに行くわ。」
「楽しみに待ってるよ。」
　次のドラマはどんな話になるのかな？

　　　　　　　　　　　　　　　　　　　　　　　　　終

222

あとがき

　明治という時代が始まったのは、今からちょうど150年前の
ことである。歴史的には明治維新と呼ばれる。それまでの幕
藩体制による封建制度を打ち壊し近代国家をスタートさせた
中心人物が西郷隆盛であった。日本人ならばこの英雄の名前
を知らない人はいないであろう。しかし、明治政府に叛旗を
ひるがえして、逆賊となって明治10年に鹿児島の城山で戦死
したために、その実情と功績は語り継がれることなく消えて
しまう。その悲劇的な死は日本人の判官びいきと相まって、
革命児西郷隆盛を高邁な人格を持つ大西郷として、歴史上の
偉人に変身させることになる。西郷をヒーローにさせた大き
な理由の一つには、彼の実像、すなわち信憑性のある写真が
一枚も残されていないという事実が、その存在をよりミステ
リアスに大きくさせている。

　明治初年には写真機が登場しただけに日本歴史に興味を持
つ誰しもが、西郷隆盛の実際の顔を見たいと思うのは当然の
ことである。しかしながら、現実には学術的に証明される西
郷隆盛自身の肖像写真は発見されていない。この本は、アメ
リカで発見されたドイツ人ジュリアス・ヘルムと一緒に撮影
されていた日本軍人たちとの記念写真の中の、西郷隆盛以
下、当時の若き日本軍人7人が誰であったかを検証すること
から始まる。

この著作はあくまでもミステリーを解く、探偵小説もどきとして書いたものではあるが、日本歴史に門外漢の私がたどり着いた結論は、この写真の西郷隆盛は90％以上の確率で本人であると確信したわけである。その単純な理由は、現存する宮内庁三の丸尚蔵館にある実弟西郷従道の肖像写真とジュリアスの記念写真に写っている兄隆盛との相似性である。これは人間同士を認証、識別する自然な本能の力でもあり、親子や兄弟がそれぞれ似ているかは他人であるがゆえに、容易に識別できるということである。

人間の顔は心の窓ともいうべく、その人の人格を表すといっても過言ではない。冒頭の記念写真の西郷隆盛が西郷本人だとすれば、その体形と顔を通じて彼の性格や人間性も推察できる。写真を特定することで、西郷の業績により真実味が加わり、今後の史実の研究に役立てられれば作者として幸いとするところである。

　平成29年11月　　　　　　　　　　　　　　茶屋　二郎

参考資料

明治維新人名辞典　日本歴史史学会編　吉川弘文館

大西郷兄弟　横山健堂 著　宮越太陽堂書房　昭和19年発行

勝海舟の明治　安藤優一郎 著　洋泉社

勝海舟　松浦玲 著　中公新書

津田出の実行勤皇　井上右 著　撰書堂　昭和18年発行

勝海舟全集19　勁草書房

西郷隆盛維新150年目の真実　家近良樹 著　NHK出版新書

お雇い外国人　高橋邦太郎 著　鹿島出版会

幕末維新の暗号　加地将一 著　祥伝社

大山巌　戊辰戦争　児島襄 著　文春文庫

南洲残影　江藤淳 著　文春文庫

西郷菊次郎と台湾　佐野幸夫 著　南日本新聞開発センター

山県有朋　藤村道生 著　日本歴史史学会編集　吉川弘文館

乃木希典　松下芳男 著　吉川弘文館

蓋棺　茶屋二郎 著　ボイジャー

お雇い外国人　重久篤太郎 著　鹿島出版会

乃木希典　伊藤痴遊 著　平凡社　昭和4年発行

西郷南洲　伊藤痴遊 著　平凡社　昭和5年発行

明治の軍装　藤田昌雄 著　潮書房光人社

大山巌　西南戦争　児島襄 著　文春文庫

鹿鳴館の貴婦人　大山捨松　久野明子 著　中央公論社

勝海舟と西郷隆盛　松浦玲 著　岩波新書

大西郷全集　大西郷全集刊行会　平凡社　大正15年

明治勲章大図鑑　平山晋 著　国書刊行会

明治天皇紀　宮内庁　吉川弘文館

明治12年明治天皇御下命　人物写真帖　菊業文化協会

幕末　明治の写真　小沢健志 著　ちくま学芸文庫

YOKOHAMA YANKEE　LESIE HELM 著

こげなお人ではなか！　発見された西郷隆盛の写真

発行日　　2018年4月27日

著　者　　茶屋二郎

発行者　　鎌田純子

発行元　　株式会社ボイジャー
　　　　　東京都渋谷区神宮前5-41-14
　　　　　電　話 03-5467-7070
　　　　　ＦＡＸ 03-5467-7080
　　　　　infomgr@voyager.co.jp

※本書は株式会社ボイジャーのRomancerを利用して作成されました。
※本文のフォントには大日本印刷株式会社の秀英明朝体を使用しています。